# FRAUENORTE ÜBERALL 2008|2009

Frauen Unterwegs
vom Bodden
bis zum Bosporus

D1619232

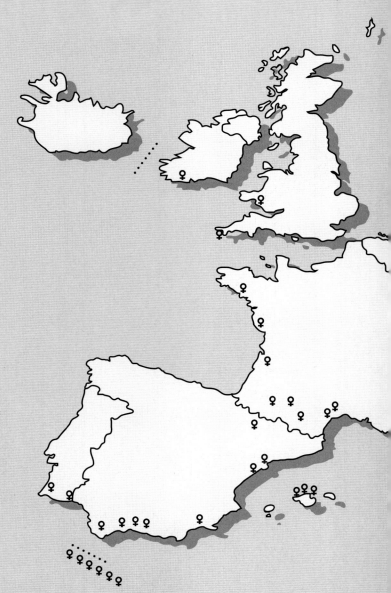

# FRAUENORTE ÜBERALL 2008|2009

# INHALTSVERZEICHNIS

## Urlaub an den schönsten Orten.
## An Frauenorten. Wo sonst?!

Wo sonst kann frau in entspannter Atmosphäre und schöner Umgebung kreativ, sinnlich, lustvoll und sich bildend Ferien machen? Kann über ihre Themen sprechen und verstanden werden, Spaß haben, Anregungen und neue Kontakte bekommen? Sich neu spüren, Kraft schöpfen, genießen und sich verwöhnen lassen?

Nunmehr in der siebten Auflage können wir Euch wiederum die breite Vielfalt an Feriendomizilen für Frauen vorstellen: von der Hütte bis zum Palazzo, von der Selbstversorgung bis zur Vollwertverwöhnung. Ganz besonders freuen wir uns, dass so viele der „alten, traditionellen" Frauenferienhäuser seit 15, 20 und mehr Jahren bestehen und mit ihren Angeboten ausschließlich für Frauen und Lesben Körper, Sinne und Geist bewegen. Ihnen, den feministisch orientierten Projekten, ist die Frauenferienhausbewegung zu verdanken, diese andere, so feine Art des Urlaubmachens, exklusiv von und für Frauen.

6

Mit rund 120 Übernachtungs- und Urlaubsadressen haben reisende Frauen die Qual der Wahl, ob allein, zu zweit oder in der Gruppe.

Wir wünschen allen Reisenden viel Spaß und Freude bei ihren Entdeckungsreisen innerhalb Europas und allen Vermieterinnen viel Freude mit den Gästinnen und viel Erfolg mit ihrem ganz speziellen Traumobjekt.

## Andere Länder – Andere Projekte

Die Projekte im Bereich „Frauentourismus" sind äußerst vielfältig: Sie reichen vom kleinen Privatzimmer über das Frauenferienhaus mit Bildungsprogramm bis zum schicken Hotel. Das hängt zum einen mit wirtschaftlichen und ideellen Zielen der Hausbesitzerinnen zusammen und ist zum anderen natürlich auch abhängig von der jeweiligen Situation im Reiseland, von kulturellen, geschichtlichen und politischen Bedingungen für Frauen.

Der Hauptteil der Adressen konzentriert sich auf den westeuropäischen Raum, in einigen Gegenden gibt es regelrechte „Ballungen" von Frauenferienorten, während in manchen Ländern kaum Unterkünfte zu finden sind, die sich vorrangig an Frauen richten. Zum einen liegt dies mit Sicherheit daran, dass für Frauen in anderen Ländern aufgrund politischer Verhältnisse andere Notwendigkeiten und Überlebensstrategien im Vordergrund stehen müssen, als sich auf die Tourismusbranche zu konzentrieren. Dies gilt gerade für viele osteuropäische Länder.

Wir hoffen jedoch, dass in Zukunft mehr Frauen die Reise in Länder wagen, die uns heute noch teilweise fremder sind als manche weiter entfernten „exotischen" Reiseländer. Und wir wünschen uns, dass dieses Buch dazu beiträgt, neue und bisher unbekannte Adressen weiterzugeben, Informationen auszutauschen und somit das Netzwerk für reisende Frauen intensiver auszubauen.

## Die Adressen

Es handelt sich bei den Beschreibungen um Selbstdarstellungen der Vermieterinnen. Wir gehen davon aus, dass die gemachten Angaben mit der Realität übereinstimmen. Solltet Ihr beim Reisen dennoch auf größere Unstimmigkeiten stoßen, freuen wir uns über eine Benachrichtigung, damit wir diese mit der Vermieterin klären und bei der nächsten Ausgabe berücksichtigen können. Noch mehr freuen wir uns selbstverständlich, wenn Ihr uns Eure Begeisterung über den einen oder anderen Frauenort mitteilt.

Unser Auswahlkriterium für die Adressen ist, dass das jeweilige Projekt von einer oder mehreren Frauen betrieben wird.

Unterschiedlich ist, an wen sich die Projekte wenden:
• Ein Teil der Projekte vermietet ausschließlich an Frauen.
• Ein anderer Teil der Unterkünfte richtet sich z. T. auch an Männer, Schwule, gemischte Gruppen oder Familien.
  In einigen Häusern sind saisonale Zeiten oder Teile der Unterkunft ausschließlich für Frauen reserviert.

Die Aufnahme von Ferienunterkünften, die nicht ausschließlich für Frauen sind, erschien und erscheint uns sinnvoll: Viele Vermieterinnen können u. a. bisher (leider) nicht ausschließlich von Frauen als Kundinnen leben, wünschen sich aber dennoch bevorzugt Frauen als Gästinnen. Die Entscheidung, welches Projekt frau vorzieht, ob nur unter Frauen oder gemischt, kann jede Reisende selbst entscheiden. Die Kennzeichnung der Adressen mit ♀ (= nur für Frauen), ♀ ♂ (= für Frauen und Männer) oder ♀ (♂) (= bestimmte Zeiten oder Teile der Unterkunft nur für Frauen) ermöglicht das schnelle Auffinden der gewünschten Unterkunft.

Bei den Tipps haben wir uns bemüht, möglichst Anlaufstellen in den Städten zu nennen, an denen Ihr weitere Informationen über Frauenveranstaltungen in der Stadt/Region erhaltet. Die ♀/♂Zeichen kennzeichnen Frauenprojekte, gemischte Projekte oder lesbisch-schwule Projekte (♀♀ ♂♂).

## FRAUEN UNTERWEGS – FRAUEN REISEN

Seit fast 25 Jahren auf Frauenspuren unterwegs und immer noch im Reisefieber!

Seit 1984 gibt es uns: das Berliner Frauenreiseprojekt **FRAUEN UNTERWEGS – FRAUEN REISEN**. Angefangen hat es mit zwei Italienreisen – mittlerweile sind es über 280 Reisen in verschiedene Länder und mit verschiedenen Schwerpunkten, die wir jährlich anbieten: Studien- und Sportreisen, Fahrrad- und Wandertouren, Städtetrips und Segeltörns, Workshop- und Wellnessreisen, Bildungs- und Erholungsurlaub.

Wir bieten weder „last minute" noch Massentourismus, sondern Reisen, die etwas ganz Besonderes und ihren Preis wert sind:

- kleine Gruppen mit durchschnittlich 8-14 Teilnehmerinnen,
- engagierte Reiseleiterinnen, die vielfach Spezialistinnen auf ihrem Gebiet sind und unsere Gruppen während der gesamten Reisedauer begleiten,
- individuelle Unterkünfte, vielerorts von Frauen betrieben und mit persönlicher Note gestaltet, fernab vom Massentourismus,
- ausgewählte Orte und Landstriche, die stets einen Hauch von Exklusivität haben,
- liebevoll ausgearbeitete Programme, die vielfältige Urlaubsgenüsse zwischen Bildung und Bummeln, Aktiv-Sein und Erholung ermöglichen,
- und vor allem: Urlaubs(t)räume nur für Frauen!

Willkommen bei unseren Reisen sind alle Frauen, egal woher und welchen Alters!

9

**FINNLAND (☎ 00358/...), NORWEGEN (☎ 0047/...),
SCHWEDEN (☎ 0046/...), DÄNEMARK (☎ 0045/...)**

1 Ferienhaus Småland

2 Apartment Kopenhagen

3 Inselhof Freyas Lyst

# 1 Ferienhaus Småland

**♀♂ Ferienhaus in
Südschweden
Ganzjährig geöffnet**

Margarete Wischerski
Brunsgatan 14
S-36010 Ryd
(Kronoberglan)
Tel./Fax 0211-70 33 83
(in Düsseldorf)
Marg.wischerski@t-online.de

Deutsch

Denkmalgeschütztes, typisch schwedisches, rot-
weißes Haus auf einem parkähnlichen Grundstück mit vielen Rasenflächen und altem Baumbestand am Ortsrand. Das Haus ist liebevoll renoviert und nachträglich mit Heizung sowie
Badezimmer und Küche ausgestattet. Im Erdgeschoss sind Ess- und Wohnzimmer, Küche
und Bad. Im Obergeschoss befinden sich drei
Schlafräume und ein zusätzliches WC. Die
Ausläufer des Asnensees liegen ca. 500 m entfernt mit vielen Freizeitmöglichkeiten (Walking/-
Radfahren/Schwimmen/Kanufahren/Angeln etc.).
Der Ort Ryd war ein Kurort mit eisenhaltigen
Quellen. Teile der Wasserversorgung des Hauses werden von einer solchen Quelle gespeist.
Für weitere Abwechslung sorgen ein Glashütten-
besuch mit Hüttsil, das Glasmuseum in Växjö,
ein Handwerks- oder das Heimatmuseum.

**Nächster größerer Ort**
Växjö ca. 40 km
Karlshamn ca. 30 km
**Flughafen**
Växjö 40 km
**Bahnhof**
Karlshamn 30 km

- **Unterkunft** 4 EG-Räume mit 150 Jahre alten
  Kaminen, Liegewiese, Terrasse vorne und
  hinten, 1 Balkon
- **Verpflegung** Selbstversorgung
- **Preise** 350-500 €/Woche/4 Pers. je nach Saison
- **Sonstiges** Nichtraucherinnen, Haustiere nicht
  erlaubt, Parkplatz vorhanden
- **Freizeit** Radverleih ca. 3 Min. vom Haus,
  Kanuverleih ca. 5 km entfernt
- **Entfernungen** Supermarkt ca. 0,3 km,
  See ca. 0,5 km, Busbahnhof ca. 1 km

# Apartment Kopenhagen 2

Ein kleines Atelier-Apartment mit Blick über einen schönen Gartenbereich. Das Zimmer ist für 2 Personen mit Kindern. Das Apartment ist 5 Min. von der nächsten U-Bahn entfernt und ins Zentrum von Kopenhagen sind es nur 9 Min. mit der Bahn.

- **Unterkunft** Apartment mit 1 großen Wohnzimmer, 1 Schlafzimmer, Bad
- **Verpflegung** Selbstversorgung, für Gruppen HP (vegetarisch)
- **Preise** 500 Kr, ca. 55€/Tag, 3.500 Kr, ca. 380 €/Woche
- **Entfernungen** U-Bahn-Station 5 Min. zu Fuß, Zentrum 9 Min. mit U-Bahn

♀♂ **Atelier-Apartment in Kopenhagen**
**Geöffnet 1.6. bis 31.8.**

Marianne Larsen
Bratskovvej 17
DK-2720 Kopenhagen
Tel./Fax 0045-38 74 53 59
Marianne_bratskovvej
@hotmail.com

Dän., Engl., Ital.

**Flughafen** Kastrup 10 km
**Bahnhof** Kopenhagen 300 m
**Transfer/Abholen**
auf Anfrage

**♀ Frauenferien-
und Seminarhof
Ferienwohnungen
auf Langeland
Ganzjährig geöffnet**

········································

Rosmarie Sander, Gabi Lange
Snagestræde 1
DK-5953 Tranekær-Frellesvig
Insel Langeland
Tel./Fax 0045-6259-1089
Info@freyaslyst.dk
www.freyaslyst.dk

Dän., Deutsch, Engl.

NORWEGEN
FINNLAND
SCHWEDEN
DÄNEMARK ←

**Nächster größerer Ort**
Rudkøbing 10 km, Odense
60 km, Flensburg 190 km
**Flughafen**
Kopenhagen 200 km
**Bahnhof**
Svendborg 20 km
**Transfer/Abholen**
Abholen auf Anfrage

Inmitten der einzigartigen sanfthügeligen
Wald- und Wiesenlandschaft liegt Freyas Lyst in
idyllischer Alleinlage am Meer. Wir sind dabei,
diesen Ort zu einer Oase der Ruhe und Erholung für Frauen zu gestalten, die alleine, zu
zweit oder als Gruppe die Insel besuchen,
Urlaub machen, an Ferienkursen teilnehmen,
die Zeit für individuelle Unterstützung/ Inspiration in einem Coaching nutzen oder sich eine
wohltuende traditionelle HotStone-Massage
gönnen wollen. Programm bitte anfordern!

• **Unterkunft** 3 Ferienwohnungen, mit je
  1-2 Schlafzimmern, Wohnzimmer, Küche,
  Bad/WC oder EZ bzw. DZ mit gemeins. Küche
  und Bad, Gruppen bis zu 12 Frauen,
  Seminarraum, Kaminzimmer mit Bücherecke,
  Sauna im Garten, Liegewiese
• **Verpflegung** Selbstversorgung, Gruppen auf
  Anfrage, Frühstück/HP vegetarisch
• **Preise** 20-30 €/Ü/Frau
• **Sonstiges** rauchfreie Räume, Praxis für
  Beratung/Coaching und HotStone-Massage
• **Freizeit** Weststrand 1 km, Oststrand 4,5 km,
  Fahrrad- und Wanderwege, Steinplätze,
  Kunstgalerien, TICKON Intern. Landart im
  Schlosspark
• **Entfernungen** Einkaufen 3 km,
  Biowagen wöchentlich auf dem Hof

# ... AUF LANGELAND UND IN SKANDINAVIEN

→ Lust auf Meer und mehr? Die dänische Insel Langeland gehört zu den schönsten Inseln des südfünischen Inselmeeres - wegen des milden Klimas auch „Dänische Südsee" genannt. Frauen Unterwegs – Frauen Reisen bietet hier in Kooperation mit dem schönen Frauenferienhaus Freyas Lyst wunderbare Erholungsprogramme an:

Gemeinsam in einer kleinen Gruppe und unter sachkundiger Führung könnt Ihr hier Strand-, Wald- und Wiesenspaziergänge in einer einzigartigen, sanften Hügellandschaft unternehmen, eine der vielen Künstlerinnen auf der Insel zu einem Plausch in ihrem Atelier besuchen, baden gehen oder Rad fahren und beim Picknick am Strand sommerliche Sonnenuntergänge bewundern. In der kälteren Jahreszeit könnt Ihr im dänischen Kaminzimmer die vegetarische Vollwert-Verwöhnküche genießen und zwischendurch in die Sauna hüpfen. Unsere speziellen Wellness-Ferien auf Langeland lassen Euch außerdem die wohltuende Wärme einer Hot-Stone-Massage erleben, und bei unserem Kunstferien-Programm dürft Ihr unter der Anleitung einer Goldschmiedin selbst aktiv werden: mit Fundstücken vom Strand, die mit Silber, Kupfer oder Edelsteinen kombiniert werden können.

**Aktuelle Termine und Preise könnt Ihr anfragen bei:**
Frauen Unterwegs –
Frauen Reisen
Potsdamer Str. 139
D-10783 Berlin
Tel. 030-215 10 22
reisen@frauenunterwegs.de
www.frauenunterwegs.de

**Andere Frauen-Unterwegs-Angebote nach Skandinavien führen Euch zu einer entdeckungsreichen Rundreise durch Island und zu diversen Touren nach Finnland:** Im Sommer seid Ihr hier radelnd, paddelnd und wandern unterwegs, und im Winter mit Langlauf-Skiern, Schneeschuhen und Hundeschlitten. Gemütliche Unterkünfte, köstliche finnisch-karelische Spezialitäten und Sauna-Erlebnisse mit Honig, Rauch und Birkenbüscheln erwarten Euch..!

## FINNLAND
## Helsinki

• **Avoin Naisten**
Korkeakoulu
Frauenzentrum
& Café
Bulevardi 11A1
FIN-00120 Helsinki
Tel. 00358-9-649382
Mo-Fr 16-21 h,
Sa 12-18 h
www.naisunioni.fi

• **YWCA (NNKY)**
Young Women's
Christian Association
Pohjoinen
Rautatiekatu 23 B
FIN-00100 Helsinki
Tel. 00358-9-4342290
www.ywca.fi
Der YWCA betreibt
u. a. ein Hotel in
Helsinki (rollstuhlge-
recht) und verschiede-
ne Jugendherbergen
und Campingplätze in
Finnland.

• **Lost and Found**
Bar ♀♀ ♂♂
Annankatu 6
FIN-00120 Helsinki
Tel. 00358-9-6801010
So-Do 16-4 h
Fr+Sa 15-4 h

• **Nalle Pub**
Bar, Club ♀♀
Kaarlenkatu 3-5
FIN-00530 Helsinki
Tel. 00358-9-7015543
Mo-Sa 15-2h

## NORWEGEN
## Loten

• **Kvinneuniversitetet**
Frauenuniversität
Rosenlund
N–2340 Loten
Tel. 0047-62-547460
kvinuniv@kvu.hm.no
www.kvu.hm.no
Kursangebot,
Gästinnenhaus

## Nordfold

• **The Northern**
Feminist University
N-8286 Nordfold
Tel. 0047-75779050
www.kun.hl.np

## Oslo

• **Tronsmo Bokhandel**
Buchladen ♀♀ ♂♂
Kristian Augustgate 19
N-130 Oslo
Tel. 0047-2-2990399
Mo-Mi 9-17 h,
Do+Fr 9-18 h,
Sa 10-16 h
www.tronsmo.no

• **Potpurriet**
Club ♀♀
yvre Vollgate 13
N-158 Oslo
Tel. 0047-22-411440
Mo-Sa 16-6 h

• **Castro**
Club ♀♀ ♂♂
Kristian Ivs gate 7
N-158 Oslo
Tel. 0047-22-415108
Di-So 17-3 h

• **London Pub & Club**
Bar, Disco
(schwul-lesbisch)
CJ Hambros plass 5
N-0164 Oslo
Tel. 0047-22-708700
www.londonpub.no
Mo-So 15-3.30h

## SCHWEDEN

### Stockholm

• **Kvinnoforum**
Frauenzentrum
Karlbergvägen 77
S-11335 Stockholm
Tel. 0046-856-228800
Fax 0046-856-228820
info@www.kvinno-
forum.se
www.kvinnoforum.se

• **YWCA**
Young Women's
Christian Association
Döbelnsgatan 17-19
S-11140 Stockholm
Tel. 0046-8-235630

• **Element**
Café ♀♀ ♂♂
Drottninggatan 73 C
S-11136 Stockholm
Tel. 0046-8-225666
Mo-Fr 8-22 h,
Sa+So 9-20 h

### Borlänge

• **Kvinnohöjden**
Feministisches Kurs-
und Gästinnenhaus
Storsund 90
S-78194 Borlänge
Tel. 0046-243-223707
Kvinnohojden@
yahoo.se
www.welcome.to/
kvinnohojden

### Göteborg

• **Kvinnofolkshög-
skolan, Frauenvolks-
hochschule**
Första Långgatan 28 B
S-41327 Göteborg
Tel. 0046-31-7803500
Fax 0046-31-146529
kvinnofolkhogskolan
@kvinno.fhsk.se
www.kvinno.fhsk.se

• **Gretas Bar**
Disco, Restaurant
Drottinggatan 35
S-41114 Göteburg
Tel. 0046-31-136949
www. Gretas.nu
Fr+Sa 21-4h

• **Bitch Girl Club**
Gula Gången
S-10465 Stockholm
Tel. 0046-8-7205205
Disco Sa 21-1 h

• **Patricia**
Partyship ♀♀ ♂♂
Stadsgardskajen152
S-10645 Stockholm
Tel. 0046-8-7430570
www.ladypatricia.se
Mi-So 18-3 h

## DÄNEMARK

### Århus

• **Frauenmuseum**
Domkirkepladsen 5
DK-8000 Århus C
Tel. 0045-86-186470
Sept.-Mai: Di-Fr 10-16 h,
Sa+So 11-16 h
Juni-Aug.: Mo-Fr 10-17 h,
Sa+So 11-17 h
www.womens-
museum.dk

• **Café Sappho**
Café ♀♀ ♂♂
Mejlgade 71
DK-8000 Århus C
Tel. 0045-86-120769
1.+ 3. Sa 19-23 h
www.cafesappho.1go.dk

• **Pan Club**
Café & Disco ♀♀ ♂♂
Jægergårdsgade 42
DK-8000 Århus
Tel. 0045-86-134380
www.panclub.dk
Café Fr-Sa 22-6 h
Disco Fr-Sa 23-5 h

## Frederiksberg

• **Jeppes Club**
Lesbenbar
Allégade 25
DK-2000 Frederiksberg
Tel. 0045-38-873248
jd. letzten Fr im
Monat 21-3 h

## Kopenhagen

• **Frauenzentrum**
Christians Brygge 3
DK-1219 Kopenhagen
Tel. 0045-33-135088
www.kvinfo.dk
Mo 10-18 h,
Di-Do 11-17 h

• **Kvindecafeen** ♀
im Frauenzentrum
Gothersgade 37
DK-1219 Kopenhagen
Tel. 0045-33-142804
Mo-Fr 12-17.30 h
jeden1.+3. Fr im
Monat Lesbencafé
20-1 h

• **Masken**
Bar & Café ♀♀ ♂♂
Studiestraed 33
DK-1455 Kopenhagen
Tel. 0045-33-910937
Mo-Fr 16-2 h,
Sa-So 16-5 h
jd. Do Lesbendisco
www.maskenbar.dk

• **Pan Gay Club**
Bar & Disco ♀♀ ♂♂
Knabrostraede 3
DK-1210 Kopenhagen
Tel. 0045-33-113784
www.pan-cph.dk
Disco Fr+Sa 22-5 h

• **Café Babooshka 6**
Café ♀♀ ♂♂
Turesensgade 6
DK-1368 Kopenhagen
Tel. 0045-33-150536
Mo-Fr 12-4 h

## Odense

• **Lambda**
Café & Disco ♀♀ ♂♂
Vindegade 100. Kld.
Postboks 1192
DK-5100 Odense C
Tel. 0045-66-177692
www.lambda.dk
Café Fr-Sa 22-2 h;
Disco jd. 1.+3.
Fr+Sa 22-4 h

**IRLAND** (☎ 00353/...), **GROSSBRITANNIEN** (☎ 0044/...)

**SCHOTTLAND**

**IRLAND**

**ENGLAND**

1 Nadrid House

2 Chymorgen

3 Over The Rainbow Wales

# 1 Nadrid House

♀♂ **Guesthouse**
**in Westcork**
**Ganzjährig geöffnet**

Penny Rainbow
Inniscarra Lake
Irl-Coachford County Cork
Tel. 00353-21-7434946
info@nadridhouse.com
www.nadridhouse.com

Englisch

**Nächster größerer Ort**
Cork 80 km
**Flughafen/Bahnhof**
Cork
**Transfer/Abholen**
möglich, ca. 10 €

Nadrid House ist ein 250-jähriges georgiani-sches Haus mit einem 20.000 qm großen Park-Garten am Rande des pittoresken Sees von Inniscarra gelegen. Das Gästehaus wurde sensi-bel renoviert, um den Charme des Herrenhau-ses zu erhalten und mit modernem Komfort zu verbinden. Hier lässt sich genüsslich Ferien ver-bringen, mit ausgiebigem irischen oder vegeta-rischen Frühstück oder an manchen Abenden auch mit einem Dinner verwöhnen. Alle gut ausgestatteten Zimmer bieten Panoramablick auf Park und See, einige verfügen auch über einen eigenen Kamin. Das Dorf lädt mit seinen Pubs und Restaurants ein und die landschaftli-che Vielfalt von Westcork sowie das milde Klima verführen zum Kanu- und Radfahren, Wandern, Schwimmen.

- **Unterkunft** in Alleinlage, 1 EZ, 2 DZ, 3 Dreibettzimmer, jeweils mit Du/WC, Bibliothek, Kaminzimmer, Sauna, Gymnastikraum, Musikanlagen, Tischtennis, Billard, kl. Küche zur Selbstversorgung, Bar, Park-Garten, See
- **Verpflegung** Frühstück, Abendessen mögl.
- **Preise** 35-45 €/ÜF/Person
- **Sonstiges** kinderfreundlich, Hunde und Katzen vorhanden, Haustiere erlaubt
- **Freizeit** Wassersport, Fahrräder vorhanden
- **Entfernungen** Einkaufen im Ort, Baden überall

# Derry

• **Bookworm Community**
feministische Buchhandlung
16, Bishop Street
Irl-48 6PW Derry
Tel. 00353-1504-261616
Mo-Sa 9.30-17.30 h

# Dublin

• **Lesbian Line**
Carmichael House
Nth. Brunswick St.
Irl-Dublin 7
Tel. 00353-1-8729911
Do 19-21 h
www.dublinlesbianline.ie

• **Outhouse Gay and Lesbian Community Centre**
105, Capel Street
Irl-Dublin 2
Tel. 00353-1-8734932
Mo-Fr 10-18 h
outhouse@indigo.ie
www.outhouse.ie

• **Molloy's Bar**
Bar ♀♀
13, High Street
Irl-Dublin 21E
Tel. 00353-1-6773207
Fr 20.30-2h

• **Castle Inn**
Bar ♀♀ ♂♂
4/5, Lord Edward St.
Irl-Dublin 21E
Tel. 00353-1-4 781122
tgl. 11- ca. 23 h

• **Books Upstairs**
Buchhandlung
36, College Green
Irl-Dublin 2
Tel. 00353-1-6796687
Mo-Fr 10-19 h,
Sa 10-18 h, So 13-18 h

• **Winding Stair**
Buchhandlung, Café
40, Lr Ormond Qy
Irl-Dublin 1
Tel. 00353-1-8733292
Mo-Sa 9.30-18h
So 13-18h

• **The George**
Bar ♀♀ ♂♂
89, Soth Great
George's Street
Irl-Dublin 2
Tel. 00353-4-782983
Mo+Di 12-23.30 h,
Mi-So 12-2.30 h
Jd. 2. Sa 21-2h

# Galway

• **Strano,** Bar ♀♀ ♂♂
William Street
Irl-Galway
Tel. 00353-91-588219
tgl. ab 17 h
www.stranos.ie

# Cork

• **L.INC**
Café im Frauenzentrum
34, Princes St. Drop-In
Irl-Cork
Tel. 00353-21-4808006
Do 20-22 h
Di 13-15 h
www.linc.ie

• **Yumi Yuki Club**
Disco (♀)
Triskel Arts Centre
Irl-Cork
Di-Sa 10-2h

• **Loafers**
Bar ♀♀ ♂♂
25, Douglas Street
Irl-Cork
Tel. 00353-21-311612
Mo-Sa 9-21 h,
Do Women only
www.loafersbar.com

• **The Other Place**
Buchhandlung,
Café ♀♀ ♂♂
7/8, Augustine Street
Irl-Cork
Tel. 00353-21-278470
Di-So 7-23 h,
Fr+Sa 19-2 h

21

# 2 Chymorgen

**♀ Bed & Breakfast
in Cornwall
Mitte Februar bis
Anfang November**

Alixx und Brigitte Morrigan
CHYMORGEN
GB-Botallack/St. Just,
Cornwall, TR19 7QJ
Tel./Fax 0044-1736-788430
info@chymorgen.co.uk
www.chymorgen.co.uk

Deutsch, Engl., Franz.

**Nächster größerer Ort**
Penzance 15 km,
St. Ives 20 km
**Flughafen**
London (5-6 Std. m. Bahn)
Bristol (3-4 Std.)
**Bahnhof**
Penzance 15 km
**Transfer/Abholen**
nach Vereinbarung

Die um 1900 erbaute, liebevoll renovierte Jugendstilvilla in ruhiger Lage nahe der wilden Atlantikküste bei Cape Cornwall lädt ein zum Ferienmachen und Sich-verwöhnen-Lassen: individuell gestaltete, helle Zimmer, offener Kamin im holzgetäfelten Salon, große Eingangshalle, umfangreiche Bibliothek, Wintergarten und großer Gästinnengarten. Das Frühstücksbuffet mit hausgebackenem Vollkornbrot und frisch zubereiteten Aufstrichen ist ein tägliches Highlight. CHYMORGEN ist ein idealer Ausgangspunkt für Wanderungen zu jeder Jahreszeit: entlang der wilden Steilküste (in 10 min zu Fuß zu erreichen), zu zahlreichen Kraftplätzen, auf den Spuren von Virginia Woolf, Rowena Cade, Barbara Hepworth und Daphne du Maurier. Der Besuch cornischer Landschaftsgärten, des Minack-Freilichttheaters, der Isles of Scilly u.v.m. verzaubern den Urlaub.

- **Unterkunft** 2 EZ, 2 DZ, 2 Gemeinschaftsbäder, 2 WCs, Veranda, Liegewiese, Wintergarten, Bibliothek
- **Verpflegung** haupts. biol. Frühstücksbuffet
- **Preis** EZ 22-30 £/ca. 33-44 €/ÜF,
  DZ 20-26 £/ca. 30-38 €/ÜF/Frau
- **Sonstiges** rauchfr. Haus, allergikerinnengeeig.
- **Freizeit** Massage, Golf, Surfen, Baden
- **Entfernungen** Einkaufen 2 km, Bus 5 Min., Strand 5 km

## ....IN CORNWALL UND SCHOTTLAND

→ Wildromantische Küsten, einsame Moore, verzauberte Gärten, tiefe Seen und viele Feen - so könnten die verschiedenen Reisen, die wir nach Großbritannien durchführen, kurz, aber treffend zusammengefasst werden.

**Z.B. CORNWALL:** Unsere Reise führt Euch in die großzügige Jahrhundertwende-Villa Chymorgen. Von hier aus wandert Ihr zu nahegelegenen Kraftpätzen, u. a. dem Steinkreis der Nine Maidens und der legendären Mermaid von Zennor. Im Frühjahr erwarten Euch blühende Gartenparadiese, die Ihr unter sachkundiger Führung kennenlernen werdet. Und immer wieder dramatische Ausblicke aufs Meer und wilde Landschaften. Leckere Abendessen und Creamteas erwarten Euch.

**Z.B. SCHOTTLANDREISEN:** Ob Ost- oder Westküste – unsere Reiseleiterin Ana weiß immer neue Highlights an den beiden Traumküsten anzubieten: Steinkreiswanderungen und Inselabenteuer, Wohnen im viktorianischen „Herrenhaus" direkt am Meer mit botanischem Garten, Wanderungen auf spektakuläre Berge oder entlang zerklüfteter Klippen, Bummeln durch romantische kleine Hafenorte, „afternoon tea on the lawn" oder Kaminfeuer am Abend...

### GANZ NEU – GERADE EINGETROFFEN:

Im Südwesten von **Irland**, auf der Beara-Halbinsel, County Cork, eröffnet im **Sommer 2008** ein neues Bed & Breakfast für Frauen: das BELLATRIX im Ort Castletownbere. Nähere Informationen bei Rita Berz, e-mail: laineybeara@eircom.net

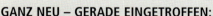

**Aktuelle Termine und Preise könnt Ihr anfragen bei:**
Frauen Unterwegs – Frauen Reisen
Potsdamer Str. 139
D-10783 Berlin
Tel. 030-215 10 22
reisen@frauenunterwegs.de
www.frauenunterwegs.de

# 3 Over the Rainbow

**♀♂ Guest House in Wales**
**Geöffnet 1.2.-31.12.**

Marie Lewis
Plas Tyllwyd, Tanygroes
GB-Ceredigion, SA43 2JD
Tel./Fax 0044-1239-811155
(abends und WE)
Mobil 0044-7818-000243
info@overtherainbow
wales.co.uk
www.overtherainbow
wales.co.uk

Englisch, Walisisch

**Nächster größerer Ort**
Aberystwyth 60 km
**Flughafen**
Cardiff 200 km
**Bahnhof**
Carmarthen oder
Aberystwyth 60 km
**Transfer/Abholen**
Carmarthen Bus Nr. 460, 4 £
(ca. 6 €), Aberystwyth Bus
Nr. 550, 4 £, Taxi 30 £ (ca.
45 €) oder per Email einen
Transfer ordern

Zurückgezogen in einer Oase der Ruhe befindet sich unser georgianisches Landhaus aus dem 18. Jh. In der Gestaltung sind die Räume an weiblichen Mythen aus der ganzen Welt angelehnt (die Wunder der yorubischen Göttin 'Oya', die Welt der Hindugöttin 'Parvati' oder die Suite der japan. Göttin 'Fuji'). In der Nähe findet Ihr die Strände der Cardiganbucht, gerne von Delphinen und Seehunden besucht. Für einen romantischen Urlaub, um die Natur zu erleben oder einfach nur dem hektischen Alltag zu entkommen. Hier könnt ihr in die Sterne schauen und die Stille genießen!

- **Unterkunft** 1 EZ und 1 DZ mit Bad/Du/WC, 3 DZ mit Gem.bad, Zentralheizung, Wasserkocher, Bibliothek, Veranda, Liegewiese
- **Verpflegung** veg. Frühstück, am WE HP 15 £, Selbstvers. nur als Gruppe mögl.
- **Preise** EZ 40 £/ca. 60 €/ÜF/ Bad, DZ 75-80 £/ca. 111-118 €/ÜF//Bad, DZ 50-70 £/ca. 74-103 €/ÜF/gemein. Bad, Gr./max. 9 Pers./min. 2 Nächte, 550 £/ca. 816 €/ÜF
- **Sonstiges** rauchfrei, kinderfreundlich, Haustiere gestattet, Parkpl. vorh.
- **Freizeit** Radausleihe, Schreibworkshops, Salsa- u. Bauchtanz, Goldschmiede- u. Sprachkurse, Wanderfeste
- **Entfernungen** Einkaufen 3 km, Küste/Strand 6 km, Badeanstalt 10 km, Bus 3 km

# Birmingham

• **Women's Advice and Information Center**
5th Floor Ruskin Chambers
191, Corporation Street
GB-Birmingham B4 6RP
Tel. 0044-121-2121881
Mo-Fr 10-16 h

• **The Fox**
Pub ♀♀
17, Lower Essex Street
GB-Birmingham B5 6SN
Tel. 0044-121-6221210
Mo-Sa 18-23 h,
So 12-15 h und
19-23.30 h

# Bournemouth

• **EMZ's Internet**
Café/Bar ♀♀
20, St. Michaels Road
GB-Bournemouth
BH2 5DP
Tel. 0044-1202-298256
www.pinkuk.com

• **Dorothy's Café/Bar**
Café & Bar ♀♀ ♂♂
111, Commercial Road
GB-Bournemouth
BH2 5RT
Tel. 0044-1202-315615
Mo-Sa 9-23 h

• **The Bakers Arms**
Pub ♀♀ ♂♂
77-79, Commercial Road
GB-Bournemouth
BH2 5RT
Tel. 0044-1202-555506
Mo-Sa 11-23 h,
So 12-22.30 h

• **Passion**
Café & Bar ♀♀ ♂♂
30, Avenue Road
GB-Bournemouth
BH2 5SH
Tel. 0044-1202-317600
Mo-So 20-2 h

• **Dorothy's Internet Café**
Internet Café ♀♀ ♂♂
20, St. Michaels Road
GB-Bournemouth
BH2 5DX
Tel. 0044-1202-298256
Mo-So 11-23 h

# Brighton

• **Candy Bar**
Bar ♀♀
33, St. James Street
GB-Brighton BN2 1TH
Tel. 0044-1273-622424
Mo-So 11-23 h
www.candybar-brighton.com

• **The George**
Pub ♀♀ ♂♂
5, Trafalgar Street
GB-Brighton BN1 4EQ
Tel. 0044-1273-681055
So-Do 10-23 h,
Fr+Sa 10-24h
Vegetarische Küche
www.george-brighton.co.uk

# Derby

• **Women's Centre**
4, Leopold Street
GB-Derby DE1 2HE
Tel. 0044-1332-341633
www.derbywomens-centre.org.uk
Mo-Do 9.30-17 h,
Fr 9.30-16 h

# Exeter

• **Liberty's**
Pub ♀♀ ♂♂
53, Bartholomew St. West.
GB-Exeter EX4 3AJ
Tel. 0044-1392-275623
Fr ab 19 h, Sa 21-1 h,
Di 20-23 h (Women only)

# Liverpool

• **Lisbon**
Bar ♀♀ ♂♂
35, Victoria Street
GB-Liverpool
Merseyside L16 BG
Tel. 0044-151-2316831
oder 0044-151-2361248
Mo-Sa 11-2 h

# London

• **Rumours**
Disco, Bar ♀♀
64-73, Minories
GB-London EC3
Tel. 0044-7949-477804
www.girl-rumours.co.uk
Jd. 2., 3. und letzten
Sa im Monat 20-2 h

• **Due South**
Bar ♀♀ ♂♂
35, Stoke Newington
High Street
GB-London N16 8DR
Tel. 0044-20-72497543
Mo-Fr 17-24 h, Sa+So
12-24 h, Do 20-24 h
(Women only)

• **Duke of Clarence**
Pub ♀♀
140, Rotherfield Street
GB-London N1 3DA
Tel. 0044-20-72266526
Mo-Sa 18-24 h,
So 15-23.30 h

• **Glas Bar** ♀
West Lodge
190 Euston Road
GB-London NW1 2EF
Tel. 0044-20-73866184
Mo-Fr 13-24 h,
Sa 18-? h

• **Heaven**
Bar & Disco ♀♀ ♂♂
The Arches, Villiers
and Craven sts.
GB-London WC2
Tel. 0044-20-79302020
Mo-Mi 22.30-3 h,
Fr 22.30-6 h,
Sa 22.30-5 h

• **First Out**
Vegetarisches
Restaurant ♀♀ ♂♂
52, St. Giles High Str.
GB-London WC2 8LH
Tel. 0044-20-77340071
oder 0044-20-72408042
Fr 20-23 h und So 12-
22.30 h women only

• **Vespa Lounge**
Bar ♀♀
Centre Point House St.
Giles High Street
GB-London WC2 8LN
Tel. 0044-20-78368956
Do-Sa 18-23 h
Männer als Gäste

• **Silvermoon**
Frauenbuchladen
113-119, Charing
Cross Road
GB-London WC2H 0EB
Tel. 0044-20-74375660
www.silvermoon
bookshop.co.uk
Mo-Sa 10-18.30 h,
So 12-18 h

• **Candy Bar** ♀♀
4, Carlisle Street
GB-London WID 3AW
Tel. 0044-20-74944041
oder 0044-20-74371977
Mo+Do 17-23.30 h,
Fr+Sa 17-2 h,
So 17-23 h

• **Jezebels**
Bar & Disco ♀♀
90, George Street
GB-London WIH 5RH
Tel. 0044-7947-399601
jd. 2. Sa im Monat
20-1 h

## Manchester

• **Follies**
Club ♀♀ ♂♂
6, Whitworth Street
GB-Manchester 3QW
Tel. 0044-161-2368149
Mo-So 22-2 h
Sa nur für Frauen

• **Metz Café Bar**
Café & Bar ♀♀ ♂♂
Canal Street
GB-Manchester
M1 3PW
Tel. 0044-161-2379852
Mo-Do 12-23 h,
Fr-Sa 12-24 h,
So 12-23 h

• **Essential**
Club ♀♀ ♂♂
8, Minshull Street
GB-Manchester
M1 3EF
Tel. 0044-161-2375445
tgl. 22.30-3 h
www.essential-
manchester.com

• **Vanilla**
Café & Bar ♀♀ ♂♂
39, Richmond Street
GB-Manchester
M1 3WB
Tel.0044-161-6578890
www.vanillagirls.co.uk
Di-Do 17-2 h, Fr 16-4 h
Sa 15-4 h, So 15-? h

## Newcastle

• **The Dog**
Bar ♀♀ ♂♂
15, Marlborough
Crescent
GB-Newcastle
Tel. 0044-191-2210775
Mo-Sa 11-1 h, So 12-1 h

## Southampton

• **The Magnum Club**
Disco & Bar ♀♀ ♂♂
113, St. Mary's Street
GB-Southampton
SO14 0AN
Tel. 0044-23-80335049
Mo-Sa 21-2 h,
So 21-24 h

• **The Freedom**
Café & Bar ♀♀ ♂♂
132, High Street
GB-Southampton
SO14 2BR
Tel. 0044-23-80638999
Bar: So-Do 12-24 h,
Fr+Sa 12-1 h
Café Mo-Sa 10-16 h,
So 12-16 h

## SCHOTTLAND

### Edinburgh

- **Nexus**
Café & Bar ♀♀ ♂♂
60, Broughton Street
GB-Edinburgh
EH1 3SA
Tel. 0044-131-4787069
tgl. 11-23 h
www.broughton
street.co.uk

- **Planet Out**
Café & Bar ♀♀ ♂♂
6, Baxters Place
GB-Edinburgh
Tel. 0044-131-5240061
Mo-Fr 17-1 h,
Sa+So 12.30-1 h

- **The Claremont**
Bar & Restaurant
♀♀ ♂♂
133-135 East Clare-
mont Street
GB-Edinburgh EH74JA
Tel. 0044-131-5565662
Mo-Mi 11.30-14.30 h
und 18-22 h,
Do-So 12.30-22 h

- **Blue Moon** ♀♀ ♂♂
Café & Restaurant
36, Broughton Street
GB–Edinburgh EH1 3SB
Tel. 0044-131-5570911
Mo-Fr 11-23.30 h,
Sa+So 9-12.30 h

### Glasgow

- **Glasgow Women's Library**
2nd Floor,
81 Parnie Street
GB-Glasgow G1 5RH
Tel. 0044-141-5528345
www.womens-library.
org.uk

- **Glasgow Gay & Lesbian Centre**
84, Bell Street
GB-Glasgow G1 1LQ
Tel. 0044-141-5524958
Mo-So 11-24h
www.glgbt.org.uk

- **Polo**
Club ♀♀ ♂♂
84, Wilson Street
GB-Glasgow G1 1UZ
Tel. 0044-141-5531221
Mo-Do 17-1 h,
Fr-So 17-3 h

- **Bennet's**
Club ♀♀ ♂♂
80, Glassford Street
GB-Glasgow G1 1UR
Tel. 0044-141-5525761
www.bennets.co.uk
Di-Sa 23.30-3 h

## WALES

### Swansea

- **Swansea Women's Centre**
25, Mansel Street
GB-Swansea SA1 5SQ
Tel. 0044-1792-411119
www.multikulti.org.uk
Mo, Mi, Fr 10-16 h,
Di+Do 10-13 h

- **Silverweed**
Silberschmiede
Parc-y-rhos Gwmann
GB-Wales SA48 8DZ
Tel. 0044-1570-423254
www.silverweedfor
women.com
Silberschmiedkurse +
Sprachkurse

DEUTSCHLAND (☏ 0049 / ...)

1. Atlantis/Sylt
2. Kunst-T-raum Sylt
3. Kvindegård
4. Islandhof/Spiekeroog
5. Deichhus
6. Haus Windhexe
7. Moin-Moin
8. Bertingen
9. Hotel Hanseatin/HH
10. App. Frauenzeit/HH
11. FeWo/HH
12. Ostseeperle
13. Villa die Zwei/Lübeck
14. Hotel Lübeck
15. FeWo/Lübeck
16. Haus am Meer
17. Haus Wip/Rostock
18. Haus Emma
19. Hexadactyla
20. Ackerbürgerei
21. Villa Reisefreunde
22. Franzenhof
23. Artemisia/Berlin
24. Intermezzo/Berlin
25. Ferienzimmer Berlin
26. App. Kreuzberg Berlin
27. App. Berlin
28. Bus. App. Berlin
29. Haus la Garde Berlin
30. App. Friedenau Berlin
31. Campinski
32. Laase/Wendland
33. Arleta
34. Altenbücken
35. App. in Düsseldorf
36. Charlottenberg
37. Zülpich
38. Forsthaus Hocheifel
39. Hof Birkenau
40. Waldwiese Saarbrücken
41. Beginenhof Tännich
42. Ferienhäuschen Nemmersdorf
43. Haus Wientzek
44. Abraxa
45. Frauenhof Allgäu
46. App. Bodensee

29

# 1 Atlantis

♀♂ **Apartments auf Sylt**
**Ganzjährig geöffnet**

Anna Maria Povel
Kressen-Jacobs-Tal 11
D-25997 Hörnum/Sylt
Tel. 04651-881524
oder 030-32709187
annepovel@web.de
www.atlantis-hoernum.de

Deutsch, Engl., Franz.

**Nächster größerer Ort**
Westerland/ Sylt 18 km
**Bahnhof/ Busbahnhof**
Westerland/ Sylt

Sylt ist Sand im Meer. Das kann frau im Winter bei stürmischer See und starkem Wind und im Sommer im warmen Sand am Wasser genießen. Das windgeschützt in den Dünen gelegene Haus Atlantis hat vier Wohneinheiten, die gemütlich und hell eingerichtet sind. In drei Minuten gelangt frau vom Haus durch die Dünen zum Meer. Außer langen Strandspaziergängen, schwimmen oder Wattwanderungen bieten sich kleine Ausflüge mit dem Fahrrad quer über die Insel oder Schiffsexkursionen zu den Nachbarinseln an. In den Sommermonaten hat die Strandsauna geöffnet und am Hafen kann frau Catamaran-Segeln lernen. Einen Hausprospekt schicke ich gerne zu.

- **Unterkunft** 4 Apartments für 2-4 Personen mit Duschbad/WC, Kochnische, 2 Wohnungen mit Terrasse, 1 Wohnung mit Kamin
- **Verpflegung** Selbstversorgung
- **Preise** HS 55-70 €/Ü/Zimmer, NS 35-50 €/Ü/Zimmer, inklusive Endreinigung
- **Sonstiges** Infos zum Haus Atlantis unter www.atlantis-hoernum.de und Hörnum unter: www.hoernum.de
- **Entfernungen** Einkaufen 2 km, Bademöglichkeit/Strand 300 m, Bushaltestelle 200 m

**♀♂ Kunst-T-raum auf Sylt
Apartment auf Sylt
Ganzjährig geöffnet**

Ute Knüfer
Haus am Meer
Appartement 7/028
Andreas-Dirks-Str. 12
D-25980 Westerland/Sylt
Tel. 04651-1606
(Apartmentverm. Riel
Mo-Sa 9-18.30Uhr)
Fax 04651-5499
reinhold.riel@t-online.de
www.kunst-T-raum-urlaub-Sylt.de

Deutsch, Engl.

Der Kunst-T-raum ist ein modern eingerichtetes 50 qm großes 2-Zimmer-Nichtraucher-Innen-Apartment für 2-4 Personen im „Haus am Meer" in der Inselmetropole Westerland im Neuen Kurzentrum, je 1 Gehminute zum Zentralstrand und der Kurpromenade und von den Fußgängerzonen Friedrich- und Strandstraße entfernt. Es liegt ruhig nach Norden, mit großem Lichteinfall durch eine breite Fensterfront. Der Kunst-T-raum bietet eine kleine Ausstellungsfläche für zeitgenössische Kunst. Die exklusive Wohnung für einen Verwöhnurlaub ist vom Feinsten ausgestattet: TV, DVD-Player, DVDs , Musik, Literatur, Kunstbildbände, Stereoanlage, Espressomaschine, Spülmaschine, Mikrowelle, Fön, Telefon, Gesellschaftsspiele und Puzzle. Alle Räume sind mit Deckenlautsprechern ausgestattet. Auch in der Badewanne können Sie Musik hören!

- **Unterkunft** Apartment für 2-4 Personen
- **Preise** 54-90 €, Endreinigung 53 €, Bettwäsche & Handtücher/Pers. 20 €, einmalige Buchungsgebühr 16 €
- **Verpflegung** Selbstversorgung
- **Freizeit** Fahrradverleih am Ort, weiteres unter www.meer-sylt.de
- **Sonstiges** rauchfrei, allergikerinnengeeignet, PKW-Stellplatz kann über die Apartmentvermittlung Riel gemietet werden.
- **Entfernungen** Einkaufen 1 Gehmin., Bademöglichkeit 1 Gehmin.

**Nächster größerer Ort**
Hamburg 280 km
**Flughafen**
Westerland ca. 1,5 km
**Bahnhof**
Westerland ca. 1 km

# 3 Kvindegård

♀ **Frauenferienhaus
auf der Insel Föhr
Ganzjährig geöffnet**

Susanne Campbell,
Karin Köhler
Ohl Dörp 52
D-25938 Wrixum
Tel. 04681-8935
kvindegaard@t-online.de
www.frauenferienhaus-
nordseeinsel-foehr.de

Deutsch, Engl.

DEUTSCHLAND

**Nächster größerer Ort**
Wyk 1 km
**Bahnhof**
Niebüll, Dagebüll-Mole,
Schiffsverbindung nach
Wyk auf Föhr (ca. 45 Min.)

Kvindegaard liegt im Inseldorf Wrixum, direkt an der Marsch. Unser Haus bietet in gemütlichen Wohnungen und Apartments einen ruhigen und komfortablen Urlaub. In der freundlichen Atmosphäre unseres großzügigen Gartens oder im Gruppenraum könnt Ihr Euch ungestört begegnen und kennen lernen. Föhr lädt ein zum: Radfahren, Windsurfen, Meerwasserbaden, Saunen, zu Strandspaziergängen, Wattführungen, Ausflügen zu den Halligen und zu den Inseln Amrum und Sylt. Ein vielseitiges Kurangebot ermöglicht eine offene Badekur im jodhaltigen Insel-Reizklima.

- **Unterkunft** 1 EZ-Ap., 2 DZ-Ap., eig. DB/WC, 3 FeWo für 2, 3 und 4 Frauen. 1-2 Schlafzi., Wohnzi., Wohnküche u. Bad. Garten, Haus komplett für bis zu 11 Frauen, incl. Seminarraum und Gruppenküche.
- **Preise** EZ-Ap. ab 28 €, DZ-Ap. 38 €, FeWo für 2, 3 u. 4 Frauen ab 47 bis 76 €, Komplett ab 255 €/Nacht
- **Verpflegung** Selbstversorgung
- **Kinder** nach Absprache, Jg. bis max. 10 J.
- **Haustiere** nach Absprache
- **Für Allergikerinnen** haustierfreie, rauchfreie Wohnungen/Ap.. Keine Federbetten, wenn gewünscht keine Teppichböden
- **Entfernungen** Einkaufen 1 km, Bäcker und Fahrradverleih:„um die Ecke", Strand ca. 1 km

# ....IM KVINDEGÅRD

→ Und welche gerne mit einer kleinen Gruppe und einem ausgewählten Programm im schönen Frauenferienhaus Kvindegård Urlaub machen möchte, kann das gerne mit uns als Veranstalterinnen tun: Teatime, Suntime, Watttime – Inselferien mit Ambiente!

Zusammen mit der Hausbesitzerin Karin könnt Ihr über die Insel streifen und die schönsten Insiderinnen-Ecken sowie das Leben auf der Hallig Hooge oder das der Walfischfängerfrauen kennen lernen. Eine naturkundlich geführte Wanderung aufs Watt oder ein Besuch im Naturkundemuseum darf auch nicht fehlen. Lange Strandspaziergänge genießen, Radfahren, Schwimmen, Saunen, im Kliffcafé am Dünenstrand oder in einem der bunten Strandkörbe sitzen. Oder abends ein Konzert in den alten Kirchen Föhrs hören. Vielleicht auch im gemütlichen Hauscafé, das Euch als Gruppe zur Verfügung steht, plaudern, spielen und natürlich gut speisen und verwöhnt werden.

**Aktuelle Termine und Preise könnt Ihr anfragen bei:**
Frauen Unterwegs –
Frauen Reisen
Potsdamer Str. 139
D-10783 Berlin
Tel. 030 - 215 10 22
reisen@frauenunterwegs.de
www.frauenunterwegs.de

**♀♂ Ferienwohnungen auf Spiekeroog**
**Ganzjährig geöffnet**

Frauke Füth, Imke Hansen
Up de Höcht 5
D-26474 Spiekeroog
Tel. 04976-219
Fax 04976-217
info@islandhof-spiekeroog.de
www.islandhof-spiekeroog.de

Deutsch, Engl.

**Hafen** 10 Min.. Fußweg

Fern von Hektik und Lärm hat sich die auto-freie ostfriesische Insel Spiekeroog eine ruhige Idylle mit vielen alten Häusern, Gärten und Plätzen bewahrt. Die freundliche und lichte Atmosphäre der Insel findet sich im kreativ und liebevoll eingerichteten Islandhof wieder. Der Blick geht über die Dünen und Pferdeweiden auf das Wattenmeer. Reit- und Kreativkurse, Ausritte, Lehrgänge und auch spirituelle Einzelarbeit – bitte Programm anfordern.

- **Preise** 60-90 €/Ü/FeWo (8 FeWo insges.)
- **Sonstiges** kinderfreundlich, Haustiere erlaubt, Babysitting möglich, Sandkasten, Strandkörbe, Gruppen bis 25 Pers.
- **Freizeit** Reitkurse (frühz. Anmeldung ratsam), Ausritte, Kreativ- und spirituelle Kurse

# Deichhus 5

♀ Ferienapartments am
Nationalpark Wattenmeer
Geöffnet April-Oktober und
Weihnachten/Neujahr
andere Zeiten auf Anfrage
möglich

Jutta Voss
Viethstr. 35
D-26434 Hooksiel
(Wangerland)
Tel. 07478-8275
Fax 07478-913292
info@jutta-voss.de
www.frauen-ferienhaus.de

Deutsch

Prospekt anfordern:
Jutta Voss
Im Hof 17
D-72414 Rangendingen

Im Deichhus in Hooksiel könnt Ihr einen gesunden Luxus-Urlaub verbringen. Direkt hinter dem Deich am Ortsrand liegen die vier exquisiten, nikotin- und allergiefreien Apartments mit baubiologischer Qualität. Die Apartments haben chemiefreie Betten, Parkett und Vollholzmöbel und werden wochenweise vermietet, Sondervereinbarungen sind möglich. Hooksiel ist wegen des jodhaltigen Reizklimas ein anerkannter Nordseebadeort, gut zur Linderung und Abhärtung vieler Allergien. Der Ort hat Sandstrand, FKK, Meerwasserwellenbad, Sauna und alle üblichen Kureinrichtungen. Windsurfen, Rudern, Segeln und Wasserski ist möglich.

- **Unterkunft** 1 großes Apart. mit 2 Betten, getrennt oder zusammen, für 2 Frauen, Du/WC, Küche, Süd-Terrasse, eigener Garten, 2 EZ-Ap. für 1-2 Frauen, Du/WC, Küche, windgeschützte Süd-Loggia, 1 EZ-Apart. für Single, Du/WC, Cucchina, Süd-Loggia
- **Verpflegung** Selbstversorgung
- **Preise** großes Apart. 55/65 €/1-2 Frauen, EZ 50/60 €/1-2 Frauen, EZ 40 €/1 Frau
- **Sonstiges** Nichtraucherinnen, keine Kinder, keine Haustiere, Fahrräder im Ort zu mieten, TV m. Antennenzugang kann mitgeb. werden
- **Entfernungen** Einkaufen 500 m, Strand 5-10 Min. mit dem Fahrrad

**Bahnhof**
Wilhelmshaven 12 km
**Transfer**
Bus vom Bahnhof nach
Hooksiel (45 min), Taxi 20 €

# 6 Haus Windhexe

♀ **Frauenferienhaus in Ostfriesland**
**Ganzjährig geöffnet**

Elsbeth Stindt
Pumphusen 8
D-26409 Wittmund-
Carolinensiel
Tel. 04464-8117
elsbethstindt@online.de

Deutsch, Englisch

**Nächster größerer Ort**
Wittmund 13 km,
Jever 17 km
**Flughafen**
Bremen 120 km
**Transfer/Abholen**
vom Bahnhof 8 €

Carolinensiel liegt an der ostfriesischen Nord-seeküste und hat einen malerischen Museums-hafen mit alten Plattbodenschiffen. Die 1,5 Km Uferpromenade führt direkt zur Nordsee und den Schiffsanlegern. Von dort fahren die Schiffe zu den Inseln Wangerooge und Spie-keroog. Das Ferienhaus liegt ruhig in meinem Garten. Hafen, Kurhaus mit Sauna und Schwimmbad, Radverleih, Restaurants und Supermärkte sind gut zu Fuß zu erreichen. Freizeitangebote: Radfahren, Schwimmen, Tennis, Sauna, Wellness, Reiten, Bootsfahrten, Segelschule, Tauchen, Wattwandern, Museen, Angeln.

- **Unterkunft** rauchfreies Ferienhaus für 1-2 Frauen, Bad mit Du/WC, Küche, Terrasse, Garten
- **Verpflegung** Selbstversorgung
- **Preise** 20 bis 25 € Ü/Frau, 40 € Ü/2 Frauen, Endreinigung 15 €
- **Haustiere** auf Anfrage, Raucherinnenecke
- **Entfernungen** Einkaufen 500 Meter, Strand und Freibad 1,5 km

# Frauenferienhof Moin-Moin 7

♀ **Frauenseminar- und Ferienhaus in Ostfriesland Ganzjährig geöffnet**

Zum Lengener Meer 2
D-26446 Friedeburg
Tel./Fax 04956-4956
team@frauenferienhof.de
www.frauenferienhof.de

DEUTSCHLAND

Inspiration aus der Stille und Kraft der Moorlandschaft. Bei Moorhexen, Wind und Wolken, nicht weit zur Nordsee liegt unser Hof. Ein Ort für Frauen, für Spaziergänge und Fahrradtouren über das flache Land, durch Moore, Wiesen und Wälder. Unter dem weiten Himmel Ostfrieslands könnt Ihr Euch erholen, im Garten, im Badesee oder in der Sauna entspannen, auch am Feuer, bei Tischtennis oder Meditation, am Kaminfeuer träumen und lesen oder Euch mit anderen Frauen zu Gespräch, Spiel oder Tanz treffen. Vielleicht möchtet Ihr auf unseren Island-Pferden durch das Moor spazieren oder Euch Massagen (C. Tutschner-Methode) oder Lomi (Hawaiianische Körperarbeit) gönnen. Buchungen f. Gruppen und zu bes. Anlässen sind möglich. Programm und Informationen auf der Website.

**Nächster größerer Ort**
Remels 8 km, Oldenburg 35 km, Bremen 90 km
**Bahnhof**
Augustfehn 23 km
**Transfer/Abholen**
Anrufbus

- **Unterkunft** 3 EZ, 2 DZ, 1 MZ, 1 Wohnwagen, 2 Gem.bäder/WCs, sonniger Aufenthaltsraum, Kaminzimmer mit Leseecke, Sauna, Liegewiese, Feuerstelle
- **Verpflegung** veg., überw. biol., Selbstvers. mit vorhand. Lebensmitteln möglich
- **Preise** 45-30 € plus Endreinigung
- **Freizeit** Fahrräder, Inliner, Tischtennis, Kanuverleih, Segelmöglichkeit in der Nähe
- **Sonstiges** rollstuhlgerecht, Frauen mit Hunden und Pferden willkommen
- **Entfernungen** Einkaufen 4 km, Baden 8 km, Küste 30 km

# 8 Frauenpension Bertingen

♀ **Frauenpension
an der Nordsee
Ganzjährig geöffnet**

Christel Rieseberg,
Lisa Makey
Schulstraße 16
D-25709 Kaiser-Wilhelm-Koog
Tel. 04856-495
Fax 04856-795
koog@frauenpension-bertingen.de
www.frauenpension-bertingen.de

Deutsch, Engl.

**Nächster größerer Ort**
Brunsbüttel 20 km
**Flughafen**
Hamburg 90 km
**Bahnhof**
St. Michaelisdonn 15 km
**Transfer/Abholen**
Bus, Taxi 20 €,
Abholung 15 €

Unsere Pension liegt 600 m vom Deich inmitten von Wiesen und Feldern. Charakteristisch sind die Weite des flachen Landes und des Himmels. Besonders reizvoll ist die hiesige Wattenmeerlandschaft mit ihren Salzwiesen, Prielen und der tierischen Artenvielfalt. Unser Haus zeichnet sich durch eine persönliche Atmosphäre aus. Es gibt ein gemütliches Kaminzimmer, eine Bibliothek und für die Fitness Sauna, Fitnessgeräte, Fahrräder und eine Tischtennisplatte. Zum Haus gehört ein großer Garten mit Gartenhäuschen und 3000 qm Liegewiese. Wir verwöhnen Euch mit einem täglich wechselnden Menü, auf Wunsch gerne fleischlos. Genießt einen erholsamen Urlaub in ruhiger, landschaftlich reizvoller Umgebung!

- **Unterkunft** in Alleinlage. 3 EZ, 4 DZ mit Gemeinschaftsbad/WC, 2 DZ mit Du/WC, Ap. für 2-4 Frauen, TV/Radio/Kassetten, Bibliothek, Sauna, Garten, Liegewiese
- **Verpflegung** Frühstück, FeWo: Selbstversorgung (Frühstück auf Wunsch 6,50 €), HP auch veg. möglich (ca. 10 € -12 €)
- **Preise** EZ 35-48 €/ÜF, DZ 60-68,50 €/ÜF mit Gem.bad od. eigener Du/WC, Ap. 65-75€
- **Sonstiges** Jungen bis 10 J., Haustiere vorhanden u. nach Absprache gestattet
- **Freizeit** Bootstouren, Wattwanderungen, Radfahren, Wandern.
- **Entfernungen** Einkaufen 6 km, Bus 1 km, Badestelle 2 km

# Frauenhotel Hanseatin 9

♀ **Frauenhotel**
**in Hamburg**
**Ganzjährig geöffnet**

Linda Schlüter,
Karin Wilsdorf
Dragonerstall 11
D-20355 Hamburg
Tel. 040-341345
Fax 040-345825
frauen@hotel-hanseatin.de
www.frauenhotel.de

Deutsch, Engl.

Das «Frauenhotel Hanseatin» ist ein wunderschönes, denkmalgeschütztes Haus mit 13 Zimmern, Frühstücksraum und Garten. Die Zimmer sind von verschiedenen Frauen eingerichtet worden, individuell, liebevoll und komfortabel. Das Haus liegt in bester Citylage, direkt bei der Musikhalle, nahe den Messehallen, dem Kongresszentrum und der Binnenalster. Auch die Verkehrsanbindung ist optimal. Das Frauencafé «Endlich» ist im gleichen Haus untergebracht und steht mit leckeren Speisen, schönen Torten, exotischen Cocktails und dem gewohnten Service allen Frauen zur Verfügung. Bei schönem Wetter ist unser kleiner, ruhiger Garten geöffnet.

- **Unterkunft** 13 EZ und DZ mit oder ohne Du/WC, kleiner Garten
- **Verpflegung** Frühstück à la carte möglich
- **Preise** EZ 49-79 €/Ü, DZ 84-99 €/Ü, Extras auf Anfrage
- **Sonstiges** kinderfreundlich, Jungen bis 7 Jahre

**U-Bahn-Station**
Gänsemarkt
**Fernbahnhof**
Hamburg-Dammtor

# 10 Apartment Frauenzeit

**♀ Apartment in Hamburg
Ganzjährig geöffnet**

c/o Christina und Carola Altmann
Frühlingstr. 60
D-22525 Hamburg
Tel. 040-8502995
cmt.alt@frauenzeit.de
www.frauenzeit.de

**Bahnhof** Hamburg-Altona

Apartment im Souterrain eines ruhigen Mehr-familienhauses mit Pantryküche, Kühlschrank, Kabel-TV, Dusche, WC und Sportgeräten. Alleinige Saunanutzung gegen Entgelt.
Die Lage ist sehr zentral zu Hamburgs Innen-stadt und Hafen und bequem mit öffentlichen Verkehrsmitteln zu erreichen (15 Min. inkl. 3 Min. Fußweg). Nur an Nichtraucherinnen.

- **Unterkunft** Ap. (46 qm), Kabel-TV, Sport-geräte, Sauna
- **Verpflegung** Selbstversorgung
- **Preise** 25 €/Ü/Frau, max. 4 Frauen, Endreinigung 35 €, Saunanutzung 10 €/Frau
- **Sonstiges** rauchfrei, allergikerinnengeeig-net, Jungen bis 10 J., keine Haustiere
- **Entfernungen** Einkaufen 10 Min. Fußweg

# 11 Ferienwohnung in Hamburg

**♀♂ Ferienwohnung/ Gästehaus
Ganzjährig geöffnet**

Beate Berberich-Gloatz,
Irmgard Gloatz
Andreasberger Weg 16
D-22453 Hamburg
Tel. 040-55 44 93 99
info@ferienwohnung-in-hh.de
www.ferienwohnung-in-hh.de
Deutsch, Engl.
**Flughafen** Hamburg ca. 8 km
**Bahnhof** Hamburg-Dammtor ca. 10 km

Diese kleine, nette Ferienwhg. haben wir 2007 neu eingerichtet und gestaltet. Sie liegt in Nien-dorf, einem Stadtteil in Hamburgs Norden, in einem Gästehaus hinter unserem Wohnhaus, in guter Verkehrslage, trotzdem ruhig. Für Tipps zur Hamburger Frauenszene, Ausflugsmöglich-keiten u.a. stehen wir gern zur Verfügung.

- **Unterkunft** 1 Wohnzi. (mit Ausziehcouch), 2 Schlafzi. (Betten: 1,80 m u.1,40 m breit), Kü-che, Bad, kl. Sitzplatz vor dem Haus: Platz ge-nug auch für Familien oder kleine Gruppen
- **Ausstattung** Fernseher, Radio, Spülmaschine, bei Bedarf Kinderbett und Hochstuhl
- **Verpflegung** Selbstversorgung
- **Preise** 55-70 €/Ü je nach Anz. d. Frauen und Mietdauer, 30 € Endreinigung
- **Sonstiges** Kinder willkommen, Rauchen nur draußen, Parkpl. auf der Straße
- **Entfernungen** City 10 km, Bäcker 350 m, Bus 300 m, U-Bahn 800 m

♀ **Ferienwohnung an der Hohwachter Bucht**
**Ganzjährig geöffnet**

Elke Gergs
Belvedere 8
D-24327 Blekendorf
Tel. 04382-927820
Fax 04382-920809
elke.gergs@ostseeperle.com
www.ostseeperle.com

Deutsch, Engl.

Entspannen Sie sich in Sehlendorf am Ostseestrand in der Hohwachter Bucht. Von unserer Ferienwohnung aus haben Sie einen fantastischen Blick auf die wenige Meter entfernte Ostsee und auf den Sehlendorfer Binnensee im Naturschutzgebiet. Hier können Sie die Ostseeküste erobern. Rad fahren auf den traumhaften Ostseeradwanderwegen! Spazieren gehen! Wellen zählen! Schafe streicheln! Segeln! Windsurfen! Fehmarn erobern! Dänemark besuchen! Tauchen! Über Touris lästern! In den Himmel glotzen! Möwen zählen! Burgen bauen! Strandkorb belagern! Und, und, und... Gar nicht so einfach, sich bei uns für eine Urlaubsbetätigung zu entscheiden.

DEUTSCHLAND

- **Unterkunft** FeWo, 2 Zimmer plus Zimmer im ausgebauten Spitzdach, Bad/WC, Küche, integrierte Spülmaschine, TV, Stereoanlage, DVD-Player, Terrasse mit Ostseeblick, Liegewiese
- **Verpflegung** Selbstversorgung
- **Preise** 59 €/Ü/2 Pers., jede weitere Pers. zzgl. 10 €, Bettwäsche und Handtücher 10 €, Endreinigung 30 €, Sonderpreise s. Homepage
- **Sonstiges** Nichtraucherin., kinderfreundlich, Katze Pünktchen im Haus, Haustiere erlaubt
- **Freizeit** Fahrräder 6 €/Tag, 40 €/Woche
- **Entfernungen** Einkaufen/Ort Hohwacht 4 km oder Lütjenburg 7 km, Ostsee 800 m

**Bahnhof**
Oldenburg i. Holstein, 10 km
**Transfer/Abholen**
Nach Rücksprache

**♀(♂) Ferienwohnungen an der Ostseeküste Ganzjährig geöffnet**

Ingeborg Mettel,
Renate Mull
Steenkamp 2
D-23570 Lübeck-Travemünde
Tel. 04502-5276
Villadie2@gmx.de
www.villa-die-zwei.de

Deutsch, Engl., Plattdütsch

**Nächster größerer Ort**
Lübeck 20 km
**Flughafen**
Hamburg 80 km
**Bahnhof**
Travemünde Strandbahnhof

Unsere Villa die Zwei bietet eine gastfreundliche Atmosphäre in gemütlich eingerichteten Ferienwohnungen. Das Haus liegt zentral in einer ruhigen Nebenstraße und hat einen großen Garten mit Liegewiese, Gartenmöbeln und Grill. Zur schönen Kurpromenade sind es nur 5, an den gepflegten Strand 10 Gehminuten. Hier läßt es sich wunderbar im Strandkorb faulenzen, baden oder Strandspaziergänge unternehmen. Und welche Lust auf mehr verspüren, können auch längere Strandwanderungen im Landschaftsschutzgebiet mit seiner einmaligen Steilküste einplanen oder auf teilweise erschlossenen Wegen Fahrradtouren machen.

- **Unterkunft** 2 FeWo, je für max. 3-4 Pers., Küche, Bad/Du/WC, Tel., Kabel-TV, Grillplatz, Balkon, Liegewiese
- **Verpflegung** Selbstversorgung
- **Preise** NS 35-45 €, HS 50-60 €, Bettwäsche, Handtücher u. Endreinigung inkl.
- **Sonstiges** Haustiere vorhanden u. gestattet
- **Freizeit** Fahrräder können geliehen werden. Lübeck (Weltkulturerbe) lädt zur Entdeckungsreise ein. Dort könnt Ihr im feministischen Kulturzentrum Frauen und ihr Leben in der Hansestadt und Umgebung kennen lernen.
- **Entfernungen** Einkaufen 500 m, Bhf. 5 Min., Strand 5 Min.

## FrauenHotel Lübeck  14

Wohlfühlen... Altstadt... Erholung... Meer...
Im Herzen der Lübecker Altstadt wird der
Charme eines alten Bürgerhauses neu belebt.
Wir bieten einen Hotelbetrieb mit 10 Hotelzi.
und 2 FeWo's, Seminar- und Tagungsräume, 2
Ateliers und ein Café mit Innen- und Außen-
plätzen. Das FrauenHotel bietet Kunst &
Kunsthandwerk von Frauen, Lesungen und
vielerlei andere kulturelle Veranstaltungen.

* **Unterkunft** 10 Zi., Du/WC, Bad/WC, 2 FeWo's,
  3 Seminarräume (30 - 55 qm)
* **Preise** EZ ab 60 €/Ü, DZ 84 €/Ü, FeWo's ab
  80 €/1-4 Frauen, Seminarräume auf Anfrage
* **Sonstiges** Internet, TV, Video, DVD, Kaffee-
  und Teezubereitung in jedem Zimmer
* **Entfernungen** Zentrum 200 m, Strand 20 km

♀ **Hotel in Lübeck**
**Ganzjährig geöffnet**
**(ab Frühjahr 2008)**

Inga Schön und Sabine Dede
Hundestraße 19-23
23552 Lübeck
Tel.: 0451-400 55 82
(Inga Schön)
info@frauenhotel-luebeck.de
www.frauenhotel-luebeck.de

## Ferienwohnung in Lübeck  15

Am Rande der Lübecker Altstadt befindet sich
unsere Ferienwohnung in einem schönen
Stadthaus aus dem Jahre 1900. Durch den
Dielenfußboden und ihre Einrichtung ist sie
freundlich, hell und gemütlich. Nicht nur das
Holstentor, sondern die gesamte historische
Altstadt (Weltkulturerbe) sowie Cafés, Restau-
rants und Museen laden zu Streifzügen ein.

* **Unterkunft** 2 Zi, Küche, Bad (45 qm), Terrasse
* **Verpflegung** Selbstversorgung
* **Preise** 1-2 Pers. 30 €/Tag, Endreinigung 20 €,
  Bettw./Handtücher gg. Aufpreis
* **Sonstiges** nicht allergikerinnengeeignet,
  nicht behindertengerecht, keine Haustiere,
  Rauchen in spez. Raucherbereichen erlaubt
* **Entfernungen** Bäcker/Einkaufen 0,5 km,
  Holstentor 0,5 km, historische Altstadt
  0,75 km, städt. Flussbad 2 km, Ostsee 20 km,
  Haltestelle 200 m

♀♂ **Ferienwohnung**
**Ganzjährig geöffnet**

Barbara Kammer,
Sabine Müller
Schützenstr. 56b
D-23558 Lübeck
Tel. 0451-56678
Mobil 0175-7121113

Deutsch, Engl.

**Flughafen**
Lübeck-Blankensee 7 km
**Bahnhof**
Lübeck Hbf. 0,5 km

# 16 Haus am Meer

♀ **Hotel für Frauen an der Ostseeküste Ganzjährig geöffnet**

Hildegard Benning
Am Meer 3
D-18211 Ostseebad
Nienhagen
Tel. 038203-73570 (8-20 Uhr)
Fax 038203-735729
Mobil 0170-8170549
info@hausammeer-nienhagen.de
www.hausammeer-nienhagen.de

Deutsch, Engl., Franz., (Span.)

**Nächster Ort**
Warnemünde 12 km
**Flughafen**
Rostock-Laage 50 km
**Bahnhof**
Lütten Klein 10 km
**Transfer** Bus (Lütten Klein
u. Warnemünde je 1,90 €),
Taxi (Lütten Klein 11 €,
Flughafen Rostock 46 €)

Unmittelbar am Meer und direkt am Wald liegt die Villa aus den 20er Jahren im idyllischen Ostseebad Nienhagen. 7 komfortable Zi. (überw. Meerblick), 4 separate, sonnige Bungalows, Sauna mit kl. Wellness- und Massagebereich, ein weitläufiger Garten laden zu Entspannung und Erholung ein. Wir bieten begleitete Ausflüge, Wander- und Radtouren sowie Besuche von Museen u. Ausstellungen. Der Frauen-Stadtrundgang in Rostock, das Meereskundemuseum Stralsund sowie das Bernsteinmuseum Ribnitz-Damgarten bieten weitere Abwechslung, ebenso Fährverbind. von Warnemünde nach DK (1 Std.) u. Schweden (5 Std.)

- **Unterkunft** 4 EZ, 3 DZ, 4 Bung., Liegewiese, Terrasse, Zi. teils mit Balkon
- **Verpflegung** Frühstück im Bung. 8 €, Selbstvers. möglich
- **Preise** 4 EZ 50-65 €/ÜF, 3 DZ 67-90 €/ÜF, Bung. 50-55 €/Ü/Pers., 62-75 €/Ü/2 Pers., 75-85 €/Ü/3 Pers.
- **Sonstiges** 1 Bung. behindertenfreundl., Haustier in 1 Bung. erlaubt, PC u. Internet vorh., TV, Tel. auf allen Zi., auf Wunsch Massage
- **Freizeit** Sauna, Workshops, Lesungen, Segeln, Surfen, Wasserski, Kitesurfing, Nordic Walking, Reiten
- **Entfernungen** Einkaufen 300 m, Wald am Grundstück, Haltestelle 600 m, Strand 3 Min.

ANZEIGE

# *Reisestoff fürs Lesefieber ...*

»Bringen Sie doch Ihre Freundin mit!« so die SchülerInnen, als sie ihre Lehrerin zur Abi-Feier einladen, doch so unkompliziert ist es nicht immer. *Claudia Breitsprecher* hat lesbische Lehrerinnen zu ihren Erfahrungen im Berufsleben befragt. Herausgekommen sind eindrucksvolle Porträts spannender Frauen – ein erzählendes Sachbuch, das vielfältige Perspektiven aufzeigt.

»Eine nicht nur für Lehrerinnen äußerst spannende Lektüre.«
WEIBERDIWAN

Claudia Breitsprecher
**»Bringen Sie doch Ihre Freundin mit!« – Gespräche mit lesbischen Lehrerinnen**
ISBN 978-3-930041-57-2

Pretoria, Südafrika in den fünfziger Jahren. Statt zu heiraten, eröffnet die junge Inderin Amina mit einem Farbigen ein Café. Das ist unerhört und offiziell verboten.
Miriam hingegen ist eine fügsame indische Ehefrau. Sie lebt mit Mann und Kindern draußen vor der Stadt. Die Stille ist endlos, die Einsamkeit unerträglich, die Zukunft scheint trostlos. Bis Miriam Amina begegnet – dem ersten Menschen, der ihr nach vielen Tagen ein Lächeln schenkt ...

»Ein eindrucksvolles Debüt«, so die britische TIMES, das an *Grüne Tomaten* erinnert – angerichtet auf indische Art.

Shamim Sarif
**Die verborgene Welt** | Roman
ISBN 978-3-930041-60-2

*w w w . k r u g s c h a d e n b e r g . d e*

# 17 Frauenferienhaus WIP

♀**Frauenferienhaus an der Ostseeküste Ganzjährig geöffnet**

Gudrun Pflughaupt
Warener Str. 38
D-18109 Rostock
Tel./Fax 0381-2074467
gudrunpflughaupt@alice-dsl.de
www.Frauenferienhaus-wip.de

**Flughafen**
Rostock-Laage 54 km
**Bahnhof**
S-Bhf. Lichtenhagen 1,2 km
**Transfer/Abholen**
nach Vereinbarung

Wenn Ihr Strand und Natur genießen wollt, ohne auf Shopping und Kultur verzichten zu müssen, seid Ihr hier richtig. Wir vermieten vier Ferienzimmer im Reihenhaus mit 500 qm Garten, mit gemeinsamem Wohnbereich und Küche. Ideal für Fahrrad – Touristinnen.

- **Unterkunft** 1 EZ u. 3 DZ mit 3 Gemeinschaftsbädern/WCs, großer Bibliothek, Sat.-TV, Video u. Stereo-Anlage, überdachte Terrasse, Garten-Nutzung, Grill, Tischtennis
- **Verpflegung** Selbstversorgung, Frühstück am ersten Morgen inkl.
- **Preise** EZ 15-17 €/Ü, DZ 30-34€/Ü
- **Sonstiges** Raucherinnenecken, (allergikerinnengeeignet)
- **Freizeit** Strand- u. Küstenwanderungen, Rad-Ausleihe möglich
- **Entfernungen** Einkaufen/Bus/Tram 300 m, Badestrand 2 km

ANZEIGE

Seit 1999: **WMO macht LESBEN froh ...**

- **seit 1999:** die Versandadresse Deines Vertrauens
- **Riesenauswahl:** über 2.000 verschiedene Artikel
- Bücher, Filme, Schmuck und Toys **nur für Lesben**
- günstige Preise, **diskrete** (neutrale) Verpackung
- Teste uns: Völlig **kostenlos** und **unverbindlich** senden wir Dir unseren **Gratis-Farbkatalog** zu

**Jetzt GRATIS anfordern:**
*Dein persönlicher Farb-Katalog!*

Neugierig auf mehr?

Dein Katalog.
Winter 2007 Frühjahr 2008

**WMO**
VERSAND
Postfach 201723, D-56017 Koblenz
Tel. 02 61 - 100 56 34, Fax 02 61 - 100 56 35
post@wmo-versand.de

Bücher Filme Pride Schmuck Toys

Cover-Foto: Fin-Porzner-Jahreskalender 2008

**w w w . w m o - v e r s a n d . d e**

# Haus Emma  18

♀ **Ferienapartments auf der Halbinsel Fischland-Darß**
**Ganzjährig geöffnet**

Feldweg 1
D-18347 Ostseebad
Ahrenshoop
Tel. 038220-6040
Fax 038220-60439
www.haus-emma.de

Deutsch, Engl.

In einem der schönsten Ostseebäder Deutschlands, im KünstlerInnendorf Ahrenshoop, haben wir ein altes Reetdachhaus in eine Ferienapartmentanlage für Frauen verwandelt. Auf der zauberhaften Halbinsel mit ihrem endlosen weißen Sandstrand kann frau ihren Badeurlaub verbringen, segeln, windsurfen, reiten, wandern... im Frühling und Herbst Tausende Kraniche bestaunen, im Winter auf den riesigen Eisflächen des Boddengewässers Schlittschuh laufen und sich abends in der Sauna die Abenteuer des Tages erzählen. Und morgen... in eine Ausstellung, ein Konzert, zu einer Lesung, ins Kino, in ein Fischrestaurant – oder die eigene kulinarische Kreation in den Backofen schieben.

- **Unterkunft** 8 sonnige Ap. (1-3-Zimmer), helle Vollholzmöbel, Duschbäder, großzügige Einbauküchen, SAT-TV, CD-Player, Tel., Sauna im Haus, Hälfte der Ap. für Nichtraucherinnen
- **Verpflegung** Selbstversorgung
- **Preise** 33-115 €/Ü/Ap. je nach Saison und Belegung
- **Freizeit** Fahrrad-, Motorrad-, Bootsverleih, geführte Wandertouren, Segeltörns
- **Entfernungen** Bus 2 Min., Supermarkt 5 Min., Strand ein Katzensprung

**Nächster größerer Ort**
Ribnitz 20 km,
Rostock 40 km
**Bahnhof**
Ribnitz-Damgarten-West
**Transfer**
ab Bhf. stdl. Bus bis
Ahrenshoop Mitte

♀♂ **Privatzimmer und Ferienhaus in Lassan am Peenestrom vor der Insel Usedom Ganzjährig geöffnet nach telefonischer Anmeldung**

Ulrike Seidenschnur
Bergstraße 1
D-17440 Lassan
(Ostvorpommern)
Tel. 030-68705 80
Handy 0171-98 35 794
Fax 030-68084911

Deutsch, Englisch, (Franz.)

**Nächster größerer Ort**
Insel Usedom 12 km
**Flughafen**
Berlin 200 km
**Bahnhof**
Anklam 16 km, Wolgast 18 km, Hohendorf 14 km
**Transfer/Abholen**
Taxi ca. 30 €, Bus ca. 5 €

Eine lauschige Unterkunft finden Reisende in diesem Privatdomizil einer Malerin. Das familien- und kinderfreundl. Haus bietet genügend Raum und Möglichk. zu jeder Jahreszeit, einzelne Zi. oder fast das ganze Haus mietbar. Gr. Wohnküche mit Kachelofen, Hofgarten mit Wiese, Spielmögl. f. Kinder, Sitzpl. u. Terrasse, Bibliothek. Der sanft hügelige Lassaner Winkel mit einzigartiger Flora und Fauna, kl. Badeseen und reicher Kulturlandschaft ist zu entdecken. Die Strände Usedoms u. die alten Unistädte Greifswald u. Stralsund sind in etwa 1 Std. zu erreichen. Kunstschaffende in der Region haben nicht nur zu Pfingsten (KUNST:OFFEN) ihre Türen geöffnet.

- **Unterkunft** 1 EZ, 1 DZ, 1 MZ/Familienzi., WC/Du im EG, WC/Waschm. im EG, WC/Bad im DG, Wohnküche
- **Verpflegung** Selbstversorgung, Abendessen nach Abspr. mögl.
- **Preise** EZ 35 €/Ü/Pers., DZ 25 €/Ü/Pers., MZ 17 €/Ü/Pers., Ferienhaus 100 €/Ü, plus Nebenk. u. ggf. Endreinig.
- **Sonstiges** Rauchen im Garten, Haustiere n. Abspr. erlaubt
- **Freizeit** (Rad-)Wandern, Baden, Wassersport, Golf, Fliegen, Reiten, Kunsthandwerk u.v.m.
- **Entfernungen** Einkaufen/Bus 200 m, Peenestrand 500 m, Badeseen 2-4 km, Usedom/Strand 20 km

# Ackerbürgerei Lassan 20

**DEUTSCHLAND**

♀♂ **Gasthaus und Ferienwohnungen am Peenestrom vor Usedom Dez.-Ende Okt. Gaststätte ab April**

Lassan ist ein kleines, direkt am Peenestrom gelegenes Landstädtchen. Die „Ackerbürgerei" am Lassaner Hafen bietet gut ausgestattete, gemütliche Zi. u. FeWo, eine Caféterrasse u. einen gr. Garten sowie eine Gaststätte mit region. Küche u. leckeren Kräutergerichten. Im Haus ist „Calla", eine Praxisgem. f. Massage, Bewegung und heilsame Visualisierung. Unter dem Motto „Wilde Kost" veranstalten wir regelmäßig Kräuterwochenenden für Frauen, organisieren mit der „Kräutergarten Pommerland e.G." Kräuterwanderungen, Besichtigungen des Schaugartens sowie Mitmach-Programme im Kräuterbetrieb.

Angelika Mengelkamp
Lange Str. 55/57
D-17440 Lassan
Tel. 038374-5111
Fax 038374-5112
Lassan@t-online.de
www.ackerbuergerei.de

Deutsch, Engl., Franz.

- **Unterkunft** 3 DZ, Du/WC, 3 FeWo/2-3 Pers. (2 Zi./Küchenz./Du/WC/Balkon), 1 FeWo./4 Pers., Fe.haus (3 Zi, Wohnzi./Küche/Du/WC)
- **Verpflegung** Frühst. 5 €/Pers., HP 14 €/Pers.
- **Preise** EZ 38-41 €/ÜF, DZ 45-48 €/ÜF, FeWo 2-3 Pers./48-53 €/Ü, FeWo 4 Pers./57-63 €/Ü, Fe.haus 72-79 €/Ü, mind. 3 Ü., inkl. Bettw., Energie und Endreinig., Telefon fast überall
- **Sonstiges** Haustiere vorhanden, Tiere nach Abspr. gestattet (3 €)
- **Freizeit** Fahrräder, Paddelboote und Yachten mietbar
- **Entfernungen** Einkaufen im Ort, Bus 15 km, Badesee 3 km, Ostsee 35 km

**Nächster größerer Ort**
Greifswald 45 km
**Flughafen**
Heringsdorf Zirchow 50 km
**Bahnhof**
Anklam/Hohendorf 16 km
**Transfer/Abholen**
vom Bahnhof 10 €/Fahrt

# 21 Villa Reisefreunde

♀♂ **Ferienwohnung,
Privatzimmer in
Vorpommern
vis-à-vis Insel Usedom
Ganzjährig geöffnet**

Ingrid Grell
Spantekower Landstr. 20
D-17389 Anklam
Tel./Fax 03971-245866
Mobil 0174-5387549
info@VillaReisefreunde.de
www.VillaReisefreunde.de

**Flughafen**
Neubrandenburg 40 km,
Berlin 190 km
**Bahnhof** Anklam
**Transfer/Abholen**
Gratis vom Bahnhof

Am Stadtrand ruhig gelegene, restaurierte Villa mit großer Reisebibliothek – ich bin Reiseleiterin im (Un-) Ruhestand. Anklam liegt ideal für Ausflüge zu den Inseln Usedom, Rügen und Hiddensee und den Hansestädten Greifswald und Stralsund. Viele Schlösser und das Naturschutzgebiet Peenetal liegen vor der Haustür. Touren sind möglich mit (meinem) Auto, per Rad, Boot, Pferd, Kutsche oder zu Fuß. Im Haus gibt es Ausstellungen und Gesprächsrunden über Reisen. Frauen aus anderen Ländern und Seniorinnen sind besonders willkommen! Mehrsprachiges Haus.

- **Unterkunft** 1 FeWo (100 qm): 3 Zi. mit Du/WC, Küche parterre mit Tür zu sonniger Sitzecke u. großem Garten. 8 Betten, auf 12 Schlafplätze erweiterbar. Zimmer einzeln mietbar jeweils mit Du/WC, Campen möglich
- **Verpflegung** Selbstversorgung, Frühstück auf Wunsch
- **Preise** FeWo 30-60 € (nach Pers. u. Dauer), FeZi 15-17 €/Pers.
- **Sonstiges** kinderfreundlich, Jungen bis 12 J., Nichtraucherinnen bevorzugt
- **Freizeit** Fahrräder im Haus, Reiseliteratur, organisierte Ausflüge
- **Entfernungen** Einkaufen im Ort 600 m, Schwimmbad 2 km

# Frauenbildungsstätte 22
# Franzenhof

♀ **Frauenbildungs-
und -ferienhaus
Ganzjährig geöffnet**

D-16269 Wriezen
Tel. 033456-71522
Fax 033456-70051
info@franzenhof.de
www.franzenhof.de
Bürozeiten 10-14 h

Deutsch, Engl.

Der ehemalige Gutshof der Frauenbildungs-
stätte liegt in der Nähe von Berlin, dicht bei einem Naturschutzgebiet, mitten im Wald.
Umfangreiches Kursangebot in dem Bereich
berufliche Weiterbildung; viele Gesundheits-
und Wohlfühlangebote. Unterbringung in modernen und schönen Räumen. Ferienfrauen
und selbstorganisierte Gruppen sind herzlich
willkommen und werden vegetarisch/ vollwertig verwöhnt oder können sich selbst versorgen.

**Nächster größerer Ort**
Wriezen 12 km
**Bahnhof**
Wriezen 12 km,
Berlin 65 km

- **Unterkunft** in Alleinlage. 7 MZ, 3 DZ,
  4 Gemeinschaftsbäder, Aufenthalts- u.
  Seminarräume, Sauna, Liegewiesen,
  Naturschwimmbecken, Kindertobehalle
- **Verpflegung** Selbstversorgung oder VP
- **Preise** 19-33 €/Ü/Frau, VP zzgl. 19 €/Tag
- **Sonstiges** Rollstuhlrampe, Barrieren bitte
  erfragen
- **Freizeit** vielfältiges Kursangebot (Prospekt
  anfordern), Sporthalle mit guter techn.
  Ausstattung, Tischtennis, Baden, schöne
  Wanderwege vor dem Haus
- **Entfernungen** Einkaufen 9 km, Ort 3 km,
  Badesee 2 km

# 23 Frauenhotel Artemisia

♀ **Frauenhotel mit
Tagungsraum in Berlin
Ganzjährig geöffnet**

Brandenburgische Str. 18
D-10707 Berlin
Tel. 030-8738905
Fax 030-8618653
artemisia@frauenhotel-berlin.de
www.frauenhotel-berlin.de

Deutsch, Engl., Ital.

**U-Bahn-Station**
Konstanzer Straße (U 7)
20 m

Artemisia, das erste Frauenhotel Deutschlands, existiert seit 1989 und wurde im Jahr 2001 modernisiert und vergrößert. Es befindet sich in den oberen Etagen eines Berliner Altbaus und ist bequem mit dem Lift zu erreichen. Besonders beliebt ist im Sommer die Dachterrasse, die neben den Gästinnen aus aller Welt auch Berlinerinnen zum Frühstück einlädt. Die Zimmer sind hell, ruhig und stilvoll eingerichtet. Das angenehme Ambiente des Hotels wird durch Ausstellungen zeitgenössischer Künstlerinnen ergänzt. Die Gästinnen erwartet neben professionellem Service hoher Komfort in freundlicher Atmosphäre. Das Artemisia ist ein hervorragender Ausgangsort, um Berlin zu erkunden. Kultur, Shops, Messen, Flughäfen und Bahnhöfe sind gut zu erreichen. Das Hotel liegt in zentraler Westlage, nur wenige Minuten vom Kurfürstendamm entfernt.

- **Unterkunft** 10 Zi. mit Bad/Du/WC, 2 Zi. mit Gemeinschaftsdusche/WC, alle Zimmer mit Tel./TV/Radio, Nichtraucherinnenzi. vorhanden, Dachterrasse, Bar, Tagungsraum, Galerie
- **Verpflegung** großes Frühstücksbuffet
- **Preise** EZ 49-74 €/Ü, DZ 78-108 €/Ü, Dreibettzimmer 98-118 €/Ü, Frühstücksbuffet 7 €
- **Sonstiges** kinderfreundlich, Jungen bis 14 Jahre, Parkmöglichkeiten, W-LAN kostenlos

Das Intermezzo bietet für kurze wie lange Berlin-Besuche eine unkomplizierte Unterkunft, die Geldbeutel und Nerven schont. Das 1999 eröffnete Hotel garni ist zentral und doch ruhig gelegen, das Brandenburger Tor und der Potsdamer Platz liegen ca. 5-6 Gehminuten entfernt, die Friedrichsstrasse, der Gendarmenmarkt und Unter den Linden sind auch zu Fuß zu erreichen. Der große Tiergartenpark liegt am Ende der Strasse.

- **Unterkunft** EZ, DZ, MZ, alle mit Du/Waschtisch, teilweise mit WC, 1 rollstuhlgerechtes DZ mit Du/WC
- **Verpflegung** Frühstücksbuffet von 7.30-10.30h mit frischem Obst/Gemüse für 6,00 €
- **Preise** 49/47 €/EZ/Du/Ü, 55/53 €/EZ/Du/WC/Ü, 75/73 €/DZ/Du/Ü, 85/83 €/DZ/Du/WC/Ü, Kinderermäßigung (männliche Kinder bis 12 J.)

**♀ Hotel für Frauen in Berlin**
**Ganzjährig geöffnet**

Sabine Stolz und
Barbara Landvogt
Gertrud-Kolmar-Str. 5
D-10117 Berlin
Tel. 030-224 890 96
Fax. 030-224 890 97
frauen@hotelintermezzo.de
www.hotelintermezzo.de
Rezeption: 7-15, WE -14 Uhr

Deutsch, Engl.

**U- und S-Bahn-Station**
Mohrenstrasse (U2),
S Potsdamer Platz
Bus M 41, M 48, 200

In einem typischen Altbauhaus im 4. Stock vermiete ich ein Privatzimmer an Berlinreisende. Im Kreuzberger Kiez liegt zentral meine Wohnung. Eine große Auswahl an Cafés, Restaurants, Bars und Sehenswürdigkeiten findet Ihr in unmittelbarer Nähe. Ihr könnt das türkische Frauenbad «Hamam» besuchen oder historische Schiffsrundfahrten machen.

- **Unterkunft** 1 DZ, Gemeinschaftsbad/WC
- **Verpflegung** Frühstück, Selbstversorgung, Halbpension möglich
- **Preise** 22 €/ÜF/1 Person, 33 €/ÜF/2 Personen
- **Freizeit** Fahrrad, Klavier und Bibliothek
- **Sonstiges** kinderfreundlich, Nichtraucherinnen bevorzugt
- **Entfernungen** Einkaufen nebenan

**♀(♂) Privatzimmer in Berlin**
**Ganzjährig geöffnet**

Eva-Maria Epple
Dieffenbachstr. 27
D-10967 Berlin
Tel. 030-6916993
eva.epple@web.de

Deutsch, Engl.

**U-Bahn-Station**
Schönleinstraße (U 8)

# 26 Apartment Kreuzberg

♀ **Apartment**
**in Kreuzberg**
**Ganzjährig geöffnet**

Ingrid Steinmeister
Mittenwalder Str. 32
D-10961 Berlin
Tel. 030-43073343
Mobil 0172-3952779
steinmei-schwerin@gmx.de

Deutsch, Engl., Franz., Span.

**Flughafen**
Tegel ca. 12 km
**Bahnhof**
Hauptbahnhof ca. 5 km

Die Wohnung (ca. 40 qm) am Marheinekeplatz ist renoviert und neu ausgest. Sie ist mitten im beliebten Bergmannkiez (Straßencafes, Restaurants, kl. Boutiquen). Viele Sehensw. sind schnell erreichbar (Jüd. Museum ca. 1 km, Museumsinsel, Brandenburger Tor ca. 2-3 km). Im Nachbarhaus ist das Locus, ein von Frauen geführtes Café mit Terrasse. Fußläufig sind die Serene Bar mit Lesbentagen sowie das Schwule Museum. Die Marheineke-Markthalle mit vielen Ständen liegt direkt vor der Tür.

- **Unterkunft** 1 Ap. (Wohnzi.,/Schlafzi., Du/WC)
- **Verpflegung** Selbstversorgung
- **Preise** 50 €/Ü/Frau, 60 €/Ü/2 Frauen, 80 €/Ü/3 Frauen, Endrein. 25 €
- **Sonstiges** Fahrräder kostenlos, Parkpl. nur zum Abladen
- **Entfernungen** Supermärkte nahebei, U-Bahn knapp 5 Min.

# 27 Das Apartment Berlin

♀♂ **Apartment**
**in Neukölln**
**Ganzjährig geöffnet**

Mechthild Klocke
Weserstr. 25
D-12045 Berlin
Tel. 030-61303811
M-Klocke@t-online.de
www.appartement-klocke.de

Deutsch, Engl., Span.

**U-Bahn-Station**
Rathaus Neukölln (U 7)

Das Apartment ist ein idealer Ausgangspunkt für einen Urlaubsaufenthalt in Berlin. Es hat einen separaten Eingang mit Flur, ein Zimmer mit einer kleinen integrierten Küche sowie ein Duschbad. Es gibt gute Verkehrsanbindungen. Das Apartment liegt an der Grenze von Kreuzberg zu Neukölln und ist ruhig. Im Sommer kann der Garten mitgenutzt werden.

- **Unterkunft** 1 Ap. 24 qm, 1 Zimmer, TV, Telefon, Bad/WC, Mini-Küche
- **Verpflegung** Selbstversorgung
- **Preise** EZ 23 €, DZ 35 €, ab 3 Nächten Rabatt, Endreinigung 7 €
- **Sonstiges** NichtraucherInnen bevorzugt, Haustiere nicht erlaubt
- **Entfernungen** Frauencafé Begine 1 km, Einkaufen 500 m, Schwimmbad 1 km

♀♂ Apartment
**Ganzjährig geöffnet**

Ines Wentzke, Jutta Zanzinger
Hoppestraße 27
D-13409 Berlin
Tel. 030-45 08 69 90
(10-22 Uhr)
Fax 030-45 08 69 1
Mobil 0170-5826485
info@business-apartment-berlin.de
www.business-apartment-berlin.de

Deutsch, Engl.

Das Apartment (30 qm) ist exklusiv, komplett und modern ausgestattet und bietet jede Menge Komfort. Ein Sonnenbalkon sowie 2 Fahrräder sind vorhanden. Das gesamte Apartment ist mit einem Naturholzboden aus Achateiche ausgelegt, alle Möbel sind eigens angefertigt. Der Balkon ist nach Süden ausgerichtet und gibt den Blick frei auf eine kleine gemütliche Wohnstraße, ohne direktes Gegenüber. Es liegt unweit Prenzlauer Berg und Berlin-Mitte. In wenigen Minuten erreicht man mit der S-Bahn das Künstler- und Szeneviertel um den Prenzlauer Berg oder auch den pulsierenden Bezirk Mitte. Der Flughafen Berlin-Tegel und der neue Berliner Hauptbahnhof sind schnell erreichbar, ebenso die Stadtautobahn.

DEUTSCHLAND

- **Unterkunft** 1 Wohn-/Schlafraum mit exkl. Küchenbereich und integriertem Duschbad
- **Verpflegung** Selbstversorgung
- **Preise** HS 60 €/Tag/2 Pers., NS 50 €/Tag/2 Pers.
- **Sonstiges** Allergikerinnen: echtes Fell im Raum, Kinder willkommen, Rauchen nur auf dem Balkon, Haustiere nach Absprache, Parkplätze auf der Straße, 2 Fahrräder
- **Entfernungen** Einkaufen 200-300 m, Tankstelle, Bäcker und Gastronomie im Umkreis von wenigen Metern, nächste Haltestelle 300 m

**Flughafen**
Berlin-Tegel 10 km
**Bahnhof**
Hauptbahnhof 300 m

# 29 Haus La Garde ***

♀♂ **Nichtraucher-
Frühstückspension
Hotel und Pension im
Südosten Berlins
Ganzjährig geöffnet**

Susanne Rathgeb
Bergengruen 16
D-14129 Berlin-Zehlendorf
(Schlachtensee)
Tel. 030-8013009
Fax 030-8024008
info@haus-la-garde.de
www.haus-la-garde.de

**Bahnhof**
Berlin-Wannsee

Es erwartet Sie eine idyllisch gelegene Villen-
etage im grünen Bezirk Berlins. Absolute Ruhe,
klare Waldluft und keine Parkplatzsorgen. Die
Zimmer sind mit viel Liebe eingerichtet und
komfortabel ausgestattet. Unsere ganze Auf-
merksamkeit gilt dem Wohlbefinden unserer
Gäste. Im Frühstücksraum bieten wir Ihnen das
Beste in reicher Auswahl für den Start in den
neuen Tag. Lassen Sie sich von den vielen weiteren kleinen Aufmerksamkeiten überraschen.
Der Schlachtensee und die Krumme Lanke sind
nur einen kurzen Fußweg entfernt.

- **Unterkunft** 2 EZ mit Du/WC, 2 DZ mit
  Du/WC/Bidet u. Balkon (eines davon als MZ
  möglich), TV, Video, Tel., Radio, Fön, Safe,
  Minibar, Bademantel, Hausschuhe, Liege-
  wiese am Schlachtensee
- **Verpflegung** Frühstück
- **Preise** EZ 55-65 €/ÜF, DZ 90 €/ÜF,
  1 MZ 110 €/ÜF
- **Sonstiges** rauchfrei, Haustiere gestattet und
  vorhanden
- **Freizeit** Fahrräder können geliehen werden
- **Entfernungen** Einkaufen 10 Min.,
  S-Bahn Mexikoplatz 10 Min.,
  Badesee 10 Min.

## Apartment Friedenau 30

Die Wohnung liegt mit Blick über den als Gartenanlage gestalteten Hof. Das helle, freundl. Ap. hat morgens u. mittags Sonne und wirkt sehr geräumig. Es ist komplett eingerichtet, Bettwäsche, Handtücher, Telefon sind vorh., TV kann genutzt werden. Die Umgebung hat einen anheimelnden Kiezcharakter.

- **Unterkunft** 1 Zi. (23 qm groß!) /Kü/Du, Flur, Holzdielen, Küchengeräte, kl. Waschm., Kühlschr.
- **Verpflegung** Selbstversorgung
- **Preise** 540 €/Monat/1 Pers., 750 €/Monat/2 Pers.
- **Sonstiges** allergikerinnengeeignet, keine Haustiere, rauchfrei, kein Balkon, Parkpl. vorh.
- **Entfernungen** S-Bahn 200 m, Bus 500 m

♀♂ **Apartment**
**Ganzjährig geöffnet / nur monatsweise Vermietung**

Vera Thun
Sponholzstr.
D-12159 Berlin
Tel. 030-8226619

Deutsch, Engl.

**Flughafen**
Berlin-Tempelhof 6 km,
Berlin-Tegel 15 km

## Campinski 31

Unsere Holzbungalows haben auf 3 x 7 m alles zu bieten, was für entspannte Tage nötig ist: Toilette, Küchenzeile, Tisch und Betten. Töchter und Söhne (bis 12 Jahre) finden am Lagerfeuer, beim Schwimmen im Naturteich oder im Sandkasten Gleichgesinnte. Ihr könnt auf der Wiese lesen oder Euch aufs Rad schwingen und durch Felder und Wald fahren. Auch für Kinder- und Seminar-Gruppen ideal.

- **Unterkunft** Zeltplätze, 10 Bungalows mit WC, Küchenzeile, Gemeinschaftsduschen, Badewanne, Waschmaschine, Gemeinschaftsküche, Aufenthaltsräume
- **Verpflegung** Selbstversorgung
- **Preise** Camping 10 €/Ü/Frau, Bungalow 16 €/Ü/Frau, Kinder bis 12 J. 50 %, bis 6 J. frei
- **Entfernungen** Einkaufen 3 km, Bahn 10 km

♀ **Frauencampingplatz, im Hohen Fläming, nahe Berlin**
**Ganzjährig geöffnet**

Alte Försterei
D-14828 Görzke/Borgsdorf
Tel. 033847-90900
info@campinski-frauencamping.de
www.campinski-frauencamping.de
**Nächster Ort**
Reppinichen 2 km
Belzig 22 km (Kurort/Therme)
**Bahnhof**
Wiesenburg/Mark 10 km
**Transfer/Abholen**
Nach Absprache

57

ANZEIGE

# blattgold

das monatliche
kulturprogramm
23. Jahrgang

**nachrichten**
aus kultur und politik

**und alle hauptstadttermine**
für frauen

**www.blattgold-berlin.de**

BERLIN – STADT DER FRAUEN

♀(♂) **Ferienwohnungen, Seminargebäude im Wendland**
**Ganzjährig geöffnet**

Margarete Pauschert
Leony Renk
Steindamm 2/Laase
D-29484 Langendorf
Tel. 05882-987930
Fax 05882-987931
Tagungshaus.Laase@t-online.de
www.Tagungshaus-Laase.de

Deutsch, Franz., Engl.

500 m von der Elbe entfernt, mitten im Dorf Laase, liegt unser 1775 erbautes Tagungshaus mit Seminargebäude, Ferienhäuschen und Festscheune. Gemütliche Zimmer laden zum Ausruhen ein. Das Dach ist neu ausgebaut: 5 Zimmer, 1 Gruppenraum und ein noch idyllischerer Blick zum Storchennest sind entstanden. Ihr seid eingeladen, hier zu feiern, zu lernen, zu tagen, Fahrradausflüge auf dem Elbedeich zu machen und im großen Garten sonnenzubaden. Es können Störche, Kraniche und Reiher beobachtet werden und in Gartow im Badesee oder der Wendlandtherme gebadet werden.

- **Unterkunft** FeWo (2 Pers.), Du/WC, Küche, Wohnraum; kl Ferienhaus (1-2 Pers.): Du/WC, Wohnraum mit Küchenblock, Hochbett. Seminargebäude: 8 EZ/DZ und Hochbett-Etage, 6 Du/WCs, 2 Küchen, Geschirrspüler, 3 Seminarräume, 70 qm gr. Saal, Terrasse, Garten mit Liegewiese
- **Verpflegung** Selbstversorgung u./o. vegetarischer Imbiss
- **Preise** 2007 FeWo 45 €/Ü zzgl. 30 € Endreinigung; kl. Haus 38 €/Ü zzgl. 25 € Endreinigung; DZ 18 €/Pers., Einzelzimmer 25 €, Gruppenpreise nach Vereinbarung
- **Sonstiges** NichtraucherInnenhaus, kinderfreundlich, bitte Website besuchen oder Hausprospekt bestellen
- **Freizeit** Fahrräder, Tischtennis
- **Entfernungen** Einkaufen 5 km, See von Gartow 11 km

**Nächster größerer Ort, Bahnhof**
Dannenberg 15 km,
Salzwedel 30 km
Lüneburg 60 km

# 33 Frauenpension Arleta

♀ **Frauenpension im Harz**
**Ganzjährig geöffnet**

Doris Möglich
Am Nordberg 7
D-38644 Goslar
Tel./Fax 05321-25323
pension.arleta@web.de
www.frauenpension-arleta.de

Deutsch, Engl., Griechisch

**Nächster größerer Ort**
Wernigerode 50 km,
Braunschweig 65 km,
Hannover 65 km
**Nächster Bahnhof**
Goslar 2 km
**Transfer/Abholen**
nach Absprache

Goslar, die Stadt am Fuße des Harzes, lockt mit der historischen Altstadt und einer Vielzahl von Freizeitangeboten: Reiten, Drachenfliegen, Skifahren, Radeln, Schwimmen....
Die Frauenpension Arleta liegt ruhig und schön am Waldrand. Ihnen stehen individuell gestaltete Zimmer, eine kleine Teeküche, ein gemütlicher Frühstücksraum, ein Kaminzimmer, ein Wintergarten und ein großer Garten mit Terrasse zur Verfügung. Hier können Sie abschalten, die Natur genießen, wandern oder in der Stadt bummeln gehen (15 Min. Fußweg). Hier sind Sie immer herzlich willkommen: allein, zu zweit, als Gruppe (Arleta bietet Platz für Gruppen bis 14 Frauen) oder mit Kindern. Wir konzipieren für Sie laufend neue Angebote (z.B. Wandern, Ferienwochen, Reiten, Radwandern). Arleta – ein Ort für Frauen zum Wohlfühlen!

- **Unterkunft** 7 EZ, DZ, MZ, Aufenthaltsraum 50 qm, Kaminzimmer, Terrasse, Garten
- **Verpflegung** Frühstück, Teeküche, warme Mahlzeiten mögl.
- **Preise** 30-44 €/ÜF/Frau, Kindertarif
- **Sonstiges** rauchfrei, kinderfreundlich, Jg. bis 12 J., Hunde erlaubt
- **Freizeit** Räder, Langlaufski, Tischtennis, Klavier, Bücher

# ....RUND UMS ARLETA – RUND UMS JAHR

Zusammen mit der Frauenpension Arleta bieten wir seit vielen Jahren tradierte und auch neue, trendige Reisen an: mal kürzer, mal länger, immer qualitativ und immer preiswert.

**Z.B. WANDERN:** mit ortskundigen Reiseleiterinnen zu den schönsten Stellen des Harzes, zu wildromantischen Schluchten und sagenumwobenen Tälern...

**Z.B. KLETTERN:** im nahegelegenen Okertal, einem Mekka für Kletterinnen und solche, die es werden wollen – mit einer erfahrenen Kletterleiterin beste Möglichkeiten, die steile Felswelt zu erobern...

**Z.B. REITEN:** auf malerischen Höhenwegen durch Wald und Feld, an Stauseen entlang und kleinen Flüssen vorbei...

**Z.B. STEINBILDHAUEN:** die Kunst, eine Form zu sehen, dieser nachzuspüren und mit Hilfe einer Kursleiterin dem Stein Gestalt zu geben...

**UND IM WINTER:** Schöne Langlauftouren, die direkt hinterm Haus beginnen, aber auch Erkundungen zu Fuß erwarten Euch. Und damit Ihr richtig ausspannen könnt, steht eine Masseurin zur Verfügung, die Euch mit einer Entspannungsmassage verwöhnt und auch ein paar kleinere Massagen zum Gegenseitig-Massieren anleitet. Kulinarische Genüsse und abendliche Stunden am Kamin machen das winterliche Sport- und Verwöhnprogramm komplett.

**Aktuelle Termine und Preise könnt Ihr anfragen bei:**
Frauen Unterwegs –
Frauen Reisen
Potsdamer Str. 139
D-10783 Berlin
Tel. 030 - 215 10 22
reisen@frauenunterwegs.de
www.frauenunterwegs.de

# 34 Frauenbildungshaus Altenbücken

♀ Frauenbildungs- und Tagungshaus in Niedersachsen
Ganzjährig geöffnet

Schürmannsweg 25
D-27333 Bücken
Tel. 04251-7899
Fax 04251-6291
team@altenbuecken.de
www.altenbuecken.de

Deutsch, Engl.

**Nächster größerer Ort**
Hoya/Weser 3 km,
Nienburg 15 km,
Verden 20 km,
Bremen 45 km,
Hannover 60 km
**Bahnhof**
Eystrup 13 km

Seit 1988 ein sehr beliebter Frauenort zum Ferienmachen, für Weiterbildung und Tagungen. Großzügiges, charmantes Fachwerkhaus ländlich gelegen mit geschütztem, wildromantischem Garten (Feuerstelle, Liegen, Labyrinth). Wohlfühl-Ambiente in behaglichen Räumen, Verwöhnung mit bekannter, köstlicher Vollwertküche. Fein ausgesuchtes Bildungsprogramm sowie Vermietung an kleine und große Tagungsgruppen, ebenso Ferienplätze ganzjährig unter weitem Himmel mit der richtigen Mischung aus Ruhe, Muße und Urlaubs- bzw. Arbeitsatmosphäre.

- **Unterkunft** EZ, DZ, MZ, 8 Badezimmer, 2 Essräume, Aufenthaltsräume, Kaminzimmer, 2 Seminarräume (40/80 qm), 1 Konferenzraum (25 qm), großer Garten, für 40 Frauen
- **Verpflegung** HP und VP möglich, vegetarisches Essen - Vollwertkost, Küche für Selbstversorgung
- **Preise** Ferienfrauen: 32-45 €/Ü/Selbstversorg./Frau, Tagungen 49-52 €/VP/Frau / EZ-Zuschlag 8 €, Kindertarif
- **Sonstiges** rollstuhlgerechte Räume
- **Freizeit** Fahrräder, Skaten, Kanutour, Wellnessbad, Labyrinth,
- **Entfernungen** Einkaufen/Ort 1 km, Bus 800 m, Baden 4 km, Weser 1 km

# ....IM FRAUENTAGUNGSHAUS ALTENBÜCKEN

→ Das ruhig und schön gelegene Frauentagungshaus Altenbücken mit seiner guten Küche inspirierte uns als Veranstalterinnen, alljährlich eine ganz besondere Gruppenreise dorthin zu veranstalten:

## FELDENKRAIS UND VERWÖHNUNG.

Die Weihnachtstage besinnlich-aktiv verbringen. Sich in ruhiger Umgebung entspannen, mit vegetarischer Vollpension verwöhnen lassen und die wohltuende Feldenkrais-Methode kennenlernen bzw. vertiefen. Darüberhinaus: die Weihnachtstage in netter Frauengesellschaft verbringen, miteinander Spaß haben, Zeit finden für Spaziergänge, lesen oder gute Gespräche führen. Der Kurs soll vor allem – fern vom Weihnachtstrubel – wohl tun und genügend Zeit lassen für individuelle Bedürfnisse und/oder gemeinsame Aktivitäten.

**Aktuelle Termine und Preise könnt Ihr anfragen bei:**
Frauen Unterwegs –
Frauen Reisen
Potsdamer Str. 139
D-10783 Berlin
Tel. 030-215 10 22
reisen@frauenunterwegs.de
www.frauenunterwegs.de

# 35 Apartment in Düsseldorf

♀ **Apartment
in Düsseldorf
Ganzjährig geöffnet**

Marion Wieler
Jahnstraße 78
D-40215 Düsseldorf
Tel. 0211-154905
Mobil 0160-97734664
Fax 01212-567354962
ma.casa@web.de

Deutsch, Engl., Ital.,

**Flughafen** 8 km
**Bahnhof** 1,2 km

Die Alternative zum Hotel! Das gemütlich eingerichtete Apartment liegt in einer ruhigen Einbahnstraße mitten in der Innenstadt. Zu Fuß ist alles leicht zu erreichen: Altstadt, Medienhafen, Kultur, Shoppingmeile oder Rheinpromenade. Herzlich willkommen sind Frauen aus anderen Ländern und Seniorinnen!

- **Unterkunft** 1-Zi.-Ap. für 1 Frau, 25 qm im Parterre mit sep. Eingang, Flur, Duschbad, Kochzeile, TV
- **Verpflegung** Selbstversorgung
- **Preise** 38 €/Ü, ab 3 Nächten Rabatt
- **Sonstiges** Nichtraucherinnen, keine Haustiere

ANZEIGE

**SAPPho»**
**Frauenwohnstiftung**
Gemeinnützige Stiftung des privaten Rechts
www.sappho-stiftung.de

➢ Bündelt Vermögen in Lesbenhänden

➢ Unterstützt Lesben beim Aufbau
  von Wohn- und Hausgemeinschaften

➢ Fördert die Entwicklung neuer
  lesbischer Lebensformen

Erbfolge weiblich

Um diese Ziele zu verwirklichen,
wünscht sich die Stiftung private
Zustiftungen und Unterstützung
durch Spenden.

Kontakt: **SAPPhO-Frauenwohnstiftung,** Ortsstr. 5, 56379 Charlottenberg
Telefon/Fax 06439 - 92 91 44    E-Mail: sappho-stiftung@gmx.de

# Frauenlandhaus 36
# Charlottenberg

♀ Ferien-, Seminar-, Tagungshaus und Frauenpension im Westerwald
Ganzjährig geöffnet

Holzappeler Str. 3
D-56379 Charlottenberg
Tel. 06439-7531
Fax 06439-909873
mail@frauenlandhaus.de
www.frauenlandhaus.de

Deutsch, Engl.

Komfortables, schön gelegenes Haus mit gemütlichen Zimmern, freundlichen Aufenthaltsräumen, Sonnenterrasse und großem Garten. Die waldreiche Umgebung, ein Badesee und die Lahn laden zum Wandern, Schwimmen, Rad- und Kanufahren ein. Ein Rad- und Kanuverleih sowie Shiatsu-Massagepraxis direkt im Haus erleichtern die Freizeitgestaltung. Sauna, Zugang zum Internet und Videoraum sorgen für modernen Komfort. Erholung pur ist in unserem Garten mit Liegewiese und verwunschenen Sitzecken angesagt. Wir kochen für Euch vegetarisch vollwertig. Während der Sommermonate gibt es Ferienangebote – unseren Hausprospekt schicken wir zu.

- **Unterkunft** 3 DZ/Bad/Du/WC, 10 EZ, 10 DZ, 3 MZ mit Gemeinschaftsbädern/WCs, Aufenthaltsräume, Bibliothek, Meditationsraum, 3 Seminarräume, Sauna, Liegewiese
- **Verpflegung** Frühstück, auf Wunsch HP/VP
- **Sonstiges** Raucherinnenzimmer, Kindertarif, Jungen bis 10 Jahre, allergikerinnengeeignet, teilweise rolligerecht
- **Freizeit** Kurse, Shiatsu, Kanu, Rad
- **Entfernungen** Einkaufen/See 3 km, Bus 5 km, Thermalbad Bad Ems 15 km

**Nächster größerer Ort**
Limburg 15 km,
Koblenz 54 km
**Bahnhof**
Laurenburg a. d. Lahn 5 km
**Transfer/Abholen**
Shuttleservice von
Laurenburg 3 €

# 37 Frauenbildungshaus Zülpich

♀ **Frauenbildungs- und Ferienhaus in der Eifel Ganzjährig geöffnet**

Renate Meyer,
Ann Marie Krewer
Prälat-Franken-Str. 22
D-53909 Zülpich
Tel. 02252-6577
Fax 02252-4257
frauenbildungshaus-zuelpich
@t-online.de
www.frauenbildungshaus-
zuelpich.de

Deutsch, Engl., (Franz.)

**Nächster größerer Ort**
Köln 40 km
**Flughafen**
Köln/Bonn ca. 75 km
**Bahnhof**
Euskirchen 15 km
**Transfer/Abholen**
Bus Euskirchen-Zülpich
ca. 2,50 €, Taxi ca. 18 €

Das Frauenbildungshaus Zülpich ist ein zur Bildungsstätte umgebauter Bauernhof mit großem Garten inkl. Liegewiese und Feuerstelle, sowie geschütztem Innenhof. Es stehen eine Teeküche, zwei Gruppenräume, ein Gartenhaus als Multifunktionsraum, zwei Essräume und ein Raucherinnenraum zur Verfügung. Die Stärke von Zülpich ist die Vielseitigkeit des Angebotes von A wie Ausdrucksmalen bis Z wie Zukunftswerkstatt. Ein Schwerpunkt liegt in beruflichen Weiterqualifizierungen und längerfristigen Fortbildungen. Auch Frauen/Lesben, die „nur" Ferien machen wollen, sind gerne gesehen. Der besondere Charakter der Hofanlage wirkt wie eine Frauenoase mitten im Patriarchat.

- **Unterkunft** 6 EZ, 8 DZ und 3 Dreier-Zimmer teilw. mit eigenem Bad/Du/WC, teilw. mit Gemeinschaftsbad, Meditations- und Aufenthaltsräume, Garten, Innenhof, Sauna
- **Verpflegung** Mittagessen, außerdem Frühstück und Abendessen in Selbstversorgung mit vorhandenen Lebensmitteln – weitestgehend vollwertig ökologisch
- **Preise** 35-45 €/Ü/Frau
- **Sonstiges** Jungen bis 5 Jahre, 1 rollstuhlgerechtes Ap. mit DZ/Bad, 1 Seminarhaus ist allergikerinnengeeignet.
- **Freizeit** breit gefächertes Seminar- und Fortbildungsprogramm. Viel Kunst, Kreativität und Wohlfühlen, Fahrräder gratis
- **Entfernungen** Einkaufen 2 km, Bushaltestelle 2 bzw. 15 Min., Baden 500 m

Das Ferienhaus liegt in waldreicher Gegend, ideal für Frauen, die Ruhe suchen, die Natur genießen wollen und gerne wandern. Auch Motorradfahrerinnen kommen hier auf ihre Kosten. Auf Wunsch unternehmen wir Waldlehrfahrten mit dem Geländewagen, geben Ihnen Informationen über Waldbewirtschaftung und hauseigenes Wild von Hildegard. Des weiteren gibt es Entspannungsmassagen oder organisierte Motorradtouren sowie einen nahe gelegenen Golfplatz. Das Kulturwerk Weißenseiten bietet zur Hauptsaison Kurse in Zeichnen, Malen, das Arbeiten mit Kupfer, Ton, Papier, Holz oder Stein an.

♀ **Ferienhaus
in der Hocheifel
Ganzjährig geöffnet**

Hildegard Franke,
Ingrid Krüger
Schartzbeg 2
D-54597 Seiwerath
Tel. 06553-1604
Fax 06553-1489
H.Franke06@t-online.de
www.forstbetrieb-franke.de

Deutsch

- **Unterkunft** Wohnzimmer, Küche, 2 Schlafzimmer mit je 2 Betten, TV, Video, Du/WC, max. 4 Frauen, Liegewiese mit Grillplatz
- **Alleinlage,** in der Nachbarschaft drei Häuser
- **Verpflegung** Selbstversorgung
- **Preise** 20 €/Tag/Frau bei voller Belegung, 25 €/Tag/Frau bei 1-2 Frauen, Bettwäsche, Handtücher gegen Aufpreis 4 €/Frau
- **Sonstiges** Jungen bis 12 J., nicht allergikerinnengeeignet, nicht behindertengerecht, keine Haustiere, Rauchen draußen erlaubt, Parkplatz vorhanden,
- **Freizeit** Waldlehrfahrten, organisierte Motorradtouren, Entspannungsmassagen
- **Entfernungen** Einkaufen 7 km, Dauner Vulkanmaare 30 km, Luxemburg (Echternach) 40 km, Trier 48 km, Haltestelle 50 m.

**Nächster größerer Ort**
Prüm 12 km, Bitburg
20 km, Trier 48 km
**Flughafen**
Luxemburg 80 km,
Köln 110 km
**Bahnhof**
Gerolstein 20 km
**Transfer** auf Anfrage

# 39 Hof Birkenau

♀♂ **Privatzimmer auf Pferdehof im Hunsrück März-Oktober, außerhalb der Saison nach Absprache**

Gisela Klippel
D-54422 Züsch
Tel./Fax 06503-2701
Info@HofBirkenau.de
www.HofBirkenau.de

**Nächster größerer Ort**
Hermeskeil 7 km, Taxi oder Bus bis Züsch
**Bahnhof**
Trier 35 km, Busverbindung bis Hermeskeil
**Transfer/Abholen**
Nach Absprache

Hof Birkenau findet Ihr im Herzen des Natur-parks Saar-Hunsrück auf einem Berg, umgeben von Wiesen, Feldern und dichten Wäldern. In wenigen Minuten seid Ihr zum Primstalsee ge-wandert oder zu anderen schönen Plätzen in der Natur. Mit meinen freundlichen Island- und Araber-Pferden dürft Ihr gerne Kontakt aufnehmen und könnt auf Wunsch auch Reitstunden nach meiner Methode „Reiten mit innerer Achtsamkeit" nehmen. Mein Reitkurs-angebot umfasst eine breite Palette: vom An-fängerinnenlehrgang über Wanderreiten bis Sitzschulung mit Körperbewusstsein durch Feldenkrais-Körperarbeit, außerdem gebe ich Kreativseminare für Frauen: Malen innerer Bil-der. Die Kurstermine und mehr Infos über Hof Birkenau schicke ich Euch gerne zu.

- **Unterkunft** 2 EZ, 3 DZ, 3 Gemeinschaftsdu-schen/WCs, Aufenthaltsraum und Atelier, Liegewiese, Camping oder Schlafen im Stroh bei Kursen möglich
- **Verpflegung** gemeinsam oder abwechselnd kochen, Lebensmittel und Getränke sind da
- **Preise** EZ 40 €/Ü/Verpflegung, DZ 34 €/Ü/Verpflegung/Pers.
- **Freizeit** Reitstunden, Kurse, Ausritte
- **Sonstiges** Haustiere nach Absprache, Pferde, Schafe, Katzen auf dem Hof
- **Entfernungen** Einkaufen im Ort, Schwimmbad 7 km, Badesee 15 km

68

# Waldwiese  40

♀ **Apartment in Saarbrücken**
**Ganzjährig geöffnet**

Birgit Kollet
Waldwiese
D-66123 Saarbrücken
Tel. 06832-8232
Mobil 0160-93381934
birgit.kollet@web.de

Deutsch, Engl., Franz., Span.

DEUTSCHLAND

Apartment (ca. 50 qm), ruhig, direkt am weitläufigen Saarbrücker Stadtwald; kl. Loggia-Balkon mit Morgensonne; hell und modern eingerichtet, Marken-Komplettausstattung, Kabel-TV, Hifi; Schlafraum mit Doppelbett (160 x 200 cm), Wohn-Essraum mit Essgruppe u. Sitzecke mit guter Schlafcouch. Innen liegendes Design-Duschbad mit Lichtdecke im Sternbildmotiv des Großen Wagens. Teppiche und Wandbilder. Events: Frauenkulturmonat, CSD Saar-Lor-Lux, Lesbian-, Gay-Friends-Szene, Frauenbibliothek, Saarspektakel, Stadtfeste, Film-, Jazz- und Theaterfestivals, Weltkulturerbe Völklinger Hütte. Touren nach Luxemburg, Trier, Metz u. zu Premium-Wanderwegen im Nordsaarland; Theater, Museen, Kleinkunstbühnen; vielf. Angebot intern. u. region. Gastronomie der dt.-frz. Grenzregion.

**Flughafen**
Saarbrücken-Ensheim
12 km
**Bahnhof**
Saarbrücken-Hauptbahnhof
3 km

- **Unterkunft** 1 Schlafraum, 1 Wohn-Essraum
- **Ausstattung** Bücher, CDs, Spiele
- **Verpflegung** Selbstversorgung
- **Preise** 180-360 €/1-3 Frauen/Woche, Endrein. 25 €, Kaution 50 €, 30-60 €/Ü/1-3 Frauen
- **Sonstiges** rauchfrei, Stellplatz, Info-Service
- **Freizeit** Walken, Laufen, Sportanl., Wald-Hochseilgarten, Kulturangebote
- **Entfernungen** Haltestelle 5 Gehmin., Supermarkt 800 m, Freibad 2 km

# 41 Beginenhof Tännich

♀ **Ganzjährig geöffnet**

Beginenhof Tännich
D-07407 Remda-Teichel
OT Breitenheerde
Tel. 036744-20191
Beginenhof.thueringen
@t-online.de
www.beginenhof-thuerin
gen.de

Deutsch, Englisch, Polnisch

**Nächste größere Orte**
Gotha, Erfurt, Weimar, Jena
ca. 30 km
**Flughafen**
Erfurt 35 km
**Bahnhof**
Kranichfeld, Rudolstadt
**Transfer/Abholen**
nach Absprache

Der Beginenhof Tännich knüpft an die Tradition der mittelalterlichen Beginen an und ist ein moderner Ort der Frauenemanzipation vom Patriarchat, gemeinsamer wirtschaftlicher Erfolg, Solidarität, soziales, politisches und kulturelles Engagement sind die Ziele und Merkmale dieses Projektes.

Wir freuen uns über Frauen,

- die mit uns Beginen-Wohn-Raum ausbauen
- die bei Pflanzen, Tieren und Holz mit anpacken
- die für sich sorgen und die sich einbringen
- die Geld nicht als Maß aller Dinge sehen
- die mit uns die Feste feiern wie sie fallen
- die neugierig sind wie Kollektiv, Konsens und Kooperation im Alltag lebendig werden
- die Lust haben die Beginen-Vision mit in die Welt zu tragen

- **Verpflegung** Wir führen eine Bio-Vollwert-Speisekammer, überwiegend vegetarisch. Gäste sind eingeladen sich zu bedienen und ihr Essen nach eigenen Wünschen zuzubereiten. Am Ende des Aufenthalts schätzt jede selbst ein, welchen Betrag sie in der Küchenkasse zurücklassen möchte.
- **Preise** 10 €/Ü/Frau (= Orientierungswert für Selbsteinschätzung: weniger ist möglich, mehr ist willkommen!)
- Bei **Mitarbeit** im Projekt von ca. 5 Std. pro Tag sind Übernachtung und Essen frei

# Ferienhäuschen Nemmersdorf 42

♀♂ **Ferienhäuschen
bei Bayreuth
Mai-Oktober**

Isolde Brückner
Zeppelinstr. 3 1/2
D-95444 Bayreuth
Tel. 0921-66710
isolde@claranet.de
www.isolde.claranet.de

Deutsch, Engl.

Das rustikale Ferienhäuschen, geeignet für zwei Personen, liegt ca. 12 km von Bayreuth entfernt, idyllisch am Fuße des Fichtelgebirges, versteckt hinter hohen Bäumen, am Ortsrand von Nemmersdorf. Naturfreundinnen und -freunde, die einen naturbelassenen Garten mit großer Wiese, reichem Baumbestand und den Besuch von Eichhörnchen und einer Vielzahl von Vögeln lieben, werden sich dort wohlfühlen. Für Hobby-Historikerinnen eignen sich das 1149 erbaute Schloss und die barocke Kirche zur Besichtigung. Wanderungen in die Königsheide sind zu empfehlen. Im nahegelegenen Goldkronach kann man/frau auf den Spuren von Alexander von Humboldt wandeln. Kulturelle Vielfalt bietet die Universitätsstadt Bayreuth.

- **Unterkunft** Ferienhäuschen, 1 Wohn-/Schlafraum (20 qm), Du/WC, Küche, Essplatz, Ofenheizung (Heizmaterial vorhanden), Elektroheizer, Terrasse mit Grillplatz, Kinderbett auf Anfrage, Haustiere nach Absprache
- **Verpflegung** Selbstversorgung
- **Preise** 25 €/Ü/Häuschen, 170 €/Woche, 50 € Schlüsselpfand (Rückerstattung)
- **Entfernungen** Einkaufen im Ort, 5-10 Min. Fußweg, oder in Goldkronach 5 km

**Nächster größerer Ort**
Goldkronach 5 km,
Bayreuth 12 km
**Flughafen** Nürnberg
**Bahnhof** Bayreuth
**Transfer/Abholen**
Bus Bayreuth-Nemmersdorf zweimal täglich, kostenloser Transfer ab Bayreuth bei Ankunft und Abreise

♀♂ **Ferienzimmer u. Apartment in Baden**
**Zimmer ganzjährig**
**Apartment März-Okt.**

Christa Wientzek
Adlerstr. 48a
D-76297 Stutensee-Spöck
Tel. 07249-8374

Deutsch, Engl.

**Nächster größerer Ort/ Bahnhof**
Bruchsal 6 km

Stutensee-Spöck liegt zwischen Bruchsal und Karlsruhe. Sie wohnen in einem Zwei-Familien-Haus mit schönem Garten, Liegewiese, Sitzecke und Terrasse. Schlösser und Museen in Bruchsal, Heidelberg und Karlsruhe können erkundet werden, der Schwarzwald lockt zu Ausflügen.

- **Unterkunft** am Ortsrand. 1 EZ, 25 qm, Küche-, Badmitbenutzung, Kabel-TV. 1 Dachstudio (1-3 Pers.), Du/WC, Küchenzeile, Kabel-TV, Aufenthaltsräume, Terrasse, Liegewiese
- **Verpflegung** Selbstversorgung
- **Preise** EZ 20 €/Ü, Dachstudio 40 €/Ü/1-3 Pers.
- **Sonstiges** rauchfreies Haus, keine Haustiere
- **Freizeit** Fahrräder, Spiele, viele Bücher
- **Entfernungen** Einkaufen 5 Min., Bus 3 Min., Baggersee mit Badestrand 10 Min. Fußweg

ANZEIGE

Anni Hausladen | Gerda Laufenberg

# Die Kunst des Klüngelns

Erfolgsstrategien für Frauen
rororo Taschenbuch • 8,90 € • 978-3-499-61170-8

Klüngeln&Co.
Anni Hausladen
www.frauen-kluengeln.de

## Wirtschaft mit Garten

♀♂ **Ferienzimmer, Hütte, Zelten + Campen, Kursort, Vollwertrestaurant, Biergarten Ganzjährig geöffnet**

Ursel Ruoff
Heroldhausen 12
D-74585 Rot am See
Tel. 07954-8618
abraxa-hero@web.de
www.abraxa-hero.de

Deutsch, Engl.

Heroldhausen, ein kleines Dorf, liegt im wild-romantischen Hohenloher Land in Baden-Württemberg. Das heutige, kleine und feine Lokal ABRAXA mit Biergarten war vor über 300 Jahren eine Bauernstube. Zahlreiche regionale Sehenswürdigkeiten und viel ursprüngliche Natur laden zu Ausflügen, zum Wandern und zum Radfahren ein (z.B. geführte Tour durchs nahe Jagsttal). Vom Haus aus gibt es regelmäßig diverse Kultur- und Freizeitangebote: Brunch, Kunstausstellungen und Musikveranstaltungen, Frauenmotorradstammtisch, monatliche Kreativkurse z.B. Stahlobjekte - Schweißen für Frauen.

- **Unterkunft** 2 DZ, Du/WC im Etagenbad, 1 DZ mit Du/WC, 1 Gartenh., Zelten (max. 7 Pl.), gr. Liegewiese, Barfuß-Labyrinth, Feuerkorb, kl. Bibliothek mit regio. Literatur, Rad- u. Wanderkarten, Galerie, Werkremise, Aufenthaltsraum, Festscheune für max. 120 Gäste
- **Verpflegung** reichhalt. Frühstück, Lunch(-Pakete), HP u. VP n. Abspr. mögl.
- **Preise** DZ 20-24 €/ÜF/Pers., EZ-Zuschlag 5,50 €. Gartenhaus 8,50 €/Ü/Pers./max. 3 Frauen
- **Sonstiges** Haustiere erlaubt, 2 Katzen im Haus, wir sind Slow-Food-Mitgl.
- **Entfernungen** Baden im Fluss 5 km, Naturbad Wallhausen 8 km

**Nächster größerer Ort**
Crailsheim 15 km,
Schwäbisch Hall 23 km
**Bahnhof**
Crailsheim
**Transfer/Abholen**
nach Absprache

# 45 Frauenhof im Allgäu

♀ Ferien- und Seminar-
haus für Frauen
Ganzjährig geöffnet

Tanja v. Heintze
Greut 1
D-87452 Kimratshofen
Tel. 08373-987447
Fax 08373-9879291
info@frauenhofimallgaeu.de
www.frauenhofimallgaeu.de

Deutsch, Englisch

**Nächster größerer Ort**
Kempten 17 km,
Leutkirch 11 km
**Flughafen**
Memmingen 29 km
**Bahnhof** Kempten 17 km,
Leutkirch 11 km
**Transfer** Bus von beiden
Bhf. nach Kimratshofen,
von dort kostenloser
Transfer zum Frauenhof

Der baubiol. sanierte ehem. Bauernhof mit
wunderschönem Grundstück (6000 qm) am
Jacobsweg im Tor zu den „Allgäuer Alpen"
bietet Rückzug und Stille sowie Aktivitäten
und Ausflüge in die Umgebung: Wandern, Rad
fahren, Skifahren in den Alpen. Nahegelegene
Städte bieten ein reichh. Kulturangebot.
Burgen-, Alpin- und Bergbauernhofmuseen,
Käsereien, Archäologischer Park Kempten,
Glasmacherdorf, Kräutergarten Artemisia war-
ten mit zahlreichen Veranstaltungen auf Sie.
Wir bieten Seminare, Begleitung und Behand-
lungen zu div. Themen an. Programm bitte anfordern oder Website besuchen.

- **Unterkunft** 2 EZ , 4 DZ, 2 3-Bettzi. ohne eig.
  Bad/Du/WC, 2 Gem.bäder inkl. WC, 1 sep.
  WC, 1 Bauwagen , 1 Hütte inkl. Feuerstelle
- **Ausstattung** Gem.raum, Werkstatt, Medita-
  tionspavillon, Bewegungsraum, Sauna, Chi-
  Maschine, Liegewiese, Spielwiese, Teich
- **Verpflegung** Selbstversorgung
- **Preise** EZ 29 €/Ü/Frau, DZ 25 €/Ü/Frau,
  3-Bettzi. 21 €/Ü/Frau, Bauw. 17 €/Ü/1 Pers.;
  25 €/Ü/2. Pers., Hütte 14 €/Ü
- **Sonstiges** bedingt allergikerinnengeeignet,
  nicht behindertengerecht, keine Haustiere,
  spez. Raucherecken, Parkpl. vorhanden
- **Freizeit** Sommer- wie Wintersport möglich
- **Entfernungen** Einkaufen 1,4 km, Biobauer
  Legau 7 km, Freibad 7 km, Weiher 15 km,
  Bodensee 50 km, Haltestelle 1,4 km

# Apartment Bodensee 46

Das Studio liegt in einem verträumten Erholungsort am Bodensee, direkt am Naturschutzgebiet und 2 km vom See entfernt. Es ist ein idealer Ausgangspunkt für Spaziergänge, Wanderungen, Radtouren, Schwimmen oder Ausflüge mit Schiffen.

- **Unterkunft** Wohnzimmer mit Küchenzeile, Balkon, TV, DVD, sep. Schlafzimmer, großes Bad
- **Verpflegung** Selbstversorgung
- **Preise** 245 €/1 Frau/Woche, 350 €/2 Frauen/ Woche, Endreinigung 35 €
- **Sonstiges** nicht allergikerinnengeeignet, nicht behindertengerecht, keine Haustiere, Rauchen in speziellen Raucherbereichen erlaubt, Parkplatz vorhanden
- **Freizeit** geführte Touren, Spaziergänge, Wanderungen, Radtouren, Schwimmen oder Ausflüge mit Schiffen. Fahrradverleih im Ort
- **Entfernungen** Einkaufen im Ort, See 2 km, Seestrandbad 1,5 km, Bus 300 m

♀ **Apartment am Bodensee April-Oktober geöffnet**

Frauke Kühl
Haydnstr.44
D-88097 Eriskirch
Tel. 07541-981097
oder 07541-81744
Mobil 0173-7979530
fraukekuehl@web.de

Deutsch

**Nächster größerer Ort**
Friedrichshafen 5 km
**Flughafen**
Friedrichshafen 6 km
**Bahnhof** Eriskirch 1,5 km,
Transfer kostenlos

# Aachen

. . . . . . . . . . . . . . . . . . . . .

• **Café i. LesBiSchwulen
Zentrum Rainbow**
Gasborn 13
D-52062 Aachen
Tel. 0241-4019700
www.rainbow-aachen.de
Jd. 1.+3. Di 20 h -
open end
Fr 19.30-24 h, Sa 15-19 h
Jd. 4. So 11-14 h

# Augsburg

. . . . . . . . . . . . . . . . . . . . .

• **Frauenzentrum**
Haunstetter Str. 49
D-86161 Augsburg
Tel. 0821-581100
www.frauenzentrum-
augsburg.de
Mi 18-20 h

• **Fegefeuer**
Gay u. Lesbian Disco
Ludwigstr. 32
D-86152 Augsburg
Tel. 0821-5089817
www.fegefeuer-gay
lesbian-disco.de
Mo, Di, Do, So 22-3 h
Fr+ Sa 22-5 h

# Bautzen

. . . . . . . . . . . . . . . . . . . . .

• **Frauenzentrum**
Reichenstr. 29
D-02625 Bautzen
Tel. 03591-42353
www.frauenzentrum-
bautzen.de
Mo-Do 9-16 h
Frauenfrühstück

# Berlin

. . . . . . . . . . . . . . . . . . . . .

• **Ackerkeller** ♀♀ ♂♂
Bar, Café
Bergstr. 68
D-10115 Berlin
Tel. 030-36461356
Mo,Mi,Do,So 19-2 h
www.ackerkeller.de
Di+Fr Party ab 22 h

• **Barbie-Bar** ♀♀ ♂♂
Bar, Café
Mehringdamm 77
D-10965 Berlin
Tel. 030-69568610
www.barbiebar.de
Mo-S0 14 h - open end

• **Café Berio** ♀♀ ♂♂
Café
Maaßenstr. 7
D-10777 Berlin
Tel. 030-2161946
www.cafe-berio.de
So-Do 8-24 h
Fr+Sa 8-1 h

• **Café Cralle** ♀♀ ♂♂
Café
Hochstädter Str. 10 a
D-13347 Berlin
Tel. 030-4553001
www.cralle.de
Mo 20-2 h
Di-Fr 11-2 h
Sa+So 9-2 h

• **Weiberwirtschaft**
Gründerinnenzentrum
Anklamer Str.38
D-10115 Berlin
Tel. 030-440223-0
www.weiberwirtschaft.de

• **Spinnboden**
Lesbenarchiv und
Bibliothek e.V.
Anklamer Str.38
D-10115 Berlin
Tel. 030-4485848
www.spinnboden.de
Mi, Fr 14-19 h und
nach Vereinbarung

• **Lila Archiv e.V.**
Choriner Str. 9
D-10119 Berlin
Tel. 030-4492289
lilaarchiv@freenet.de
Mo-Fr 8-16 h

• **Ana Koluth**
Buchhandlung im
Berlin-Carré
Karl-Liebknecht-Str.13
D-10178 Berlin
Tel. 030-24726903
www.anakoluth.de
Mo- Fr 10-20 h,
Sa 10-16 h

• **Frauentreffpunkt
Schmiede**
Richardplatz 28
D-12055 Berlin
Tel. 030-6818557
Mo-Do 9-18 h,
Fr 9-14 h

• **Frauenzentrum
Frieda**
Proskauer Str.7
D-10247 Berlin
Tel. 030-4224276
www.frieda-frauen
zentrum.de
Di+Do 9-20 h, Mi 9-18
h, Fr 14-20 h,
jd. 1.+3. Sa 11-14 h

• **Frauenzentrum
Schokofabrik**
Mariannenstr. 6
D-10997 Berlin
Tel. 030-6152999
www.schokofabrik.de
Mo-Do 10-14 h

• **Hamam – Türkisches
Bad für Frauen**
Mariannenstr. 6
D-10997 Berlin
Tel. 030-6151464
Mo 15-23 h
Di-So 12-23 h

• **Sultan Hamam -
Orientalisches
Dampfbad**
Bülowstr. 57
D-10783 Berlin
Tel. 030-21753375
Di-Sa 12-23 h
Frauentage
www.sultan-hamam.de

• **Café im Frauen-
zentrum EWA**
Prenzlauer Allee 6
D-10405 Berlin
Tel. 030-4428023
www.ewa-frauen
zentrum.de
Mo-Do 18-23 h

• **Café Seidenfaden**
Dircksenstr. 47
D-10178 Berlin
Tel. 030-2832783
www.frausuchtzukunft.de
Mo-Sa 12-20 h
Drogenfreies Café/-
Restaurant

• **NAH Bar**
Kalkreuthstr. 16
D-10777 Berlin
Tel. 030-31503062
www.neuebar.de
ab 16 h - open end

• **Serene Bar**
Schwiebusser Str.2
D-10965 Berlin
Tel. 030-69041580
www.serenebar.de
Sa 22- open end für
Frauen

• **SO 36 - Disco**
Oranienstr. 190
D-10997 Berlin
Tel. 030-61401306
www.so36.de
Tgl. ab 22 h,
jd. 1. Fr nur für Frauen

• **Haus B - Disco**
Warschauer Pl. 18
D-10245 Berlin
Tel. 030-2960800
Di 21.30-5h, Fr+Sa 24-9 h

• **MicroClubBar** im
Freizeitheim ♀♀ ♂♂
Bar, Club
Schönhauser Allee 157
D-10437 Berlin
www.freizeitheim-
berlin.de
Do 20-2 h, Fr-Sa 20-4 h

• **Pussy Cat** ♀♀ ♂♂
Bar
Kalckreuthstr. 7
D-10777 Berlin
Tel. 030-2133586
www.pussycat-berlin.de
Mo-So18-6 h

(BERLIN)

• **Regenbogenbar**
♀♀ ♂♂, Bar
Bänschstr. 73
D-10247 Belin
Tel. 030-2177820
www.regenbogen-
bar.berlin.ms
Mo 17-22 h
Di-Sa 17-24 h

• **Schall & Rauch**
♀♀ ♂♂
Bar, Café, Bistro
Gleimstr. 23
D-10437 Berlin
Tel. 030-4433970
www.schall-und-
rauch-berlin.de
Mo-So 9-2 h

• **Sharon Stonewall Bar**
♀♀ ♂♂, Bar
Linienstr. 136
D-10115 BerlinTel.
030-24085502
www.sharonstone
wall.de
So-Do 20-2 h
Fr+Sa 20-4 h

• **Sonntags-Club**
♀♀ ♂♂, Café
Greifenhagener Str. 28
D-10437 Berlin
Tel. 030-4497590
www.sonntags-club.de
Mo-Do 17-1 h
Fr-So 18-2 h

• **Sundström** ♀♀ ♂♂
Café, Bar
Mehringdamm 61
D-10961 Berlin
Tel. 030-6924414
Tägl. ab 12 h

• **Together Bar** ♀♀
Bar, Café
Hohenstaufenstr. 53
D-10779 Berlin
Tel. 030-21916300
Mi-Do 18-1 h
Fr,Sa 20-3 h, So 18-1 h

• **RuT** ♀♀
Treff, Café
Schillerpromenade 1
D-12049 Berlin
Tel. 030-6214753
www.lesbische
initiativerut.de
Mi 17-18 h, Do 17-19 h
Fr 16-19 h

• **Frauen Unterwegs-
Frauen Reisen**
Potsdamer Str. 139
D-10783 Berlin
Tel. 030-2151022
www.frauenunterwegs.de
Mo-Fr 10-19 h
Gruppenreisen für
Frauen

• **Frauentouren**
c/o Beate Neubauer
Krausnickstr. 8
D-10115 Berlin
Tel. Beate Neubauer
030-27592709
Claudia v. Gélieu
030-6261651
Frauentouren@ t-online.de
www.frauentouren.de
Stadtrundgänge,
Vorträge

• **Begine Treffpunkt
und Kultur für
Frauen e. V.**
Potsdamer Str. 139
D-10783 Berlin
Tel. Büro 030-2151414
kultur@begine.de
www.begine.de
Konzerte, Theater,
Lesungen, Filme

• **movin' queer berlin**
Tel. 030-6186955
berlin@movinqueer.de
www.movinqueer.de
lesbisch-schwuler
Reise- und Presseservice

## Bochum

- **Kulturbahnhof -
  Langendreer**
  Wallbaumweg 108
  D-44894 Bochum
  www.bahnhof-
  langendreer.de
  Frauenschwoof jeden
  2. Sa. im Monat 20-3 h

- **Café Orlando**
  Alte Hattinger Str. 31
  D-44789 Bochum
  Tel. 0234-3 4242
  www.orlando-
  bochum.net
  Mo-Fr 11-1/3 h,
  Sa+ So 10-3/1 h

## Bonn

- **Frauenmuseum und
  Frauencafé**
  Im Krausfeld 10
  D-53111 Bonn
  Tel. 0228-691344
  frauenmuseum@
  bonn-online.com
  www.frauen
  museum.de
  Di-Sa 14-18 h,
  So 11-18 h

- **Café Z - im Lesben
  und Schwulen-
  Zentrum**
  Am Frankenbad 5
  D-53111 Bonn
  Tel. 0228-630039
  www.zentrumbonn.de

## Bottrop

- **Frauenzentrum -
  Courage**
  Essener Str. 13
  D-46236 Bottrop
  Tel. 02041-63593
  www.frauenzentrum-
  courage.de

## Bremen

- **Belladonna**
  Kultur,Kommunika-
  tions- und Bildungs-
  zentrum für Frauen
  Sonnenstr. 8
  D-28203 Bremen
  Tel. 0421-703534
  belladonna@unibremen.de
  www.belladonna-
  bremen.de
  Archiv Di 13-15 h,
  Do 15-18:30 h

- **ZimmerGalerie -
  Kattenturm**
  Georg-Strube-Str.39
  D-28277 Bremen
  Tel. 0421-873597

## Cottbus

- **Frauenzentrum
  Lila Villa**
  Thiemstr. 55
  D-03050 Cottbus
  Tel. 0355-473955
  Frauenzentrum-
  Cottbus@t-online.de
  www.frauenzentrum-
  cottbus.de
  Mo 12-18 h,
  Di+Do 9-18 h,
  Mi 9-16 h, Fr 9-12 h

## Darmstadt

- **FrauenKultur-
  Zentrum**
  Emilstr. 10
  D-64289 Darmstadt
  Tel. 06151-714952
  mail@frauenkultur
  zentrum-darmstadt.de
  www.frauenkultur
  zentrum-darmstadt.de

# Dortmund

· · · · · · · · · · · · · · · · · · · · ·

• **Löwengrube -
Frauenlokal**
Löwenstr. 31
D-44135 Dortmund
Tel. 0172-5810005
www.loewengrube-do.de
Do-Sa ab 20 h

# Dresden

· · · · · · · · · · · · · · · · · · · · ·

• **Frauenzentrum -
Sowieso**
Angelikastr. 1
D-01099 Dresden
Tel. 0351-8041470
www.frauenzentrum
sowieso.de/index2.htm
Café Do 19-1 h

• **Café Sappho**
Frauenkneipe
Hechtstr. 23
D-01097 Dresden
T. 0351-4045136
www.sappho-
dresden.de
tgl. ab 18 h
So ab 9.30 h

• **Pusteblume -
Buchhandlung für
Frauen und Kinder**
Martin-Luther-Str. 23
D-01099 Dresden
Tel. 0351-8027880
pusteblume@dresden-
neustadt.com
www.pusteblume-
buchhandlung.de
Mo-Fr 10-19 h,
Sa 10-13 h

# Düsseldorf

· · · · · · · · · · · · · · · · · · · · ·

• **Frauenschwoof -
Frauenkultur &
Kommunikations-
zentrum**
Fichtenstraße 40
D-40233 Düsseldorf
www.zakk.de
jeden 1. Fr. im Monat
ab 21 h Lesbendisco

• **Buch am Dreieck.de**
Blücherstr. 3
D-40477 Düsseldorf
Tel. 0211-464405
mail@buchamdreieck.de
www.buchamdreieck.de
Mo-Fr 10-19 h,
Sa 10-16 h

• **Café Rosa Mond**
Lierenfelder Str. 39
D-40231 Düsseldorf
Tel. 0211-992377
rosa@rosamond.de
www.rosamond.de

# Erfurt

· · · · · · · · · · · · · · · · · · · · ·

• **Frauenzentrum**
Pergamentergasse 36
D-99084 Erfurt
Tel. 0361-2251473
frauenzentrumer-
furt@gmx.de

# Erlangen

· · · · · · · · · · · · · · · · · · · · ·

• **Frauendisco
im E-Werk**
Fuchsenwiese 1
D-91054 Erlangen
Jd. 1. Fr ab 22 h

• **Frauenzentrum**
Gerberei 4
D-91054 Erlangen
Tel. 09131-208023
www.frauenzentrum-
erlangen.de
Jd. 1. Do im Monat
Frauencafe ab 19.30h

# Frankfurt a. Main

· · · · · · · · · · · · · · · · · · · · ·

• **Lesbisch–schwules -
Kulturhaus**
Klinger Str. 6
D-60313 Frankfurt
Tel. 069-2977296
www.lskh.de
Lesbenarchiv

- **Kulturothek - Frankfurt**
An der kleinen
Markthalle
D-60311 Frankfurt
Tel. 069-281010
info@kulturothek.de
www.kulturothek.de

- **Oscar Wilde - Buchladen**
Alte Gasse 51
D-60313 Frankfurt
Tel. 069-281260
shop@oscar-wilde.de
www.oscar-wilde.de
Mo-Fr 11-19 h,
Sa 10-16 h

- **La Gata - Lesbenkneipe**
Seehofstr. 3
D-60594 Frankfurt
Tel. 069-614581
www.club-la-gata.de
So, Mo, Mi, Do 20-1 h
Fr+ Sa 21-3 h

- **Harvey`s**
Bar, Restaurant
Bornheimer Landstr. 44
D-60316 Frankfurt
Tel. 069-94944811
www.harveys-ffm.de
So- Do 10-1 h ,
Fr+ Sa 10-2 h

# Freiburg

- **Buchhandlung Jos Fritz**
Wilhelmstr. 15
D-79098 Freiburg
Tel. 0761-26877
www.josfritz.de
Mo-Fr 9-19 h,
Sa 10-16 h

- **Cafe Jos Fritz**
Spechtpassage/
Wilhelmstr. 15
D-79089 Freiburg
Tel. 0761-30019
www.josfritzcafe.de
Di+Mi 10-24 h
Fr+Sa 10-3 h

# Gera

- **Frauen- und Familien- Zentrum**
Böttchergasse 1-3
D-07545 Gera
Tel. 0365-813871
info@ffz-gera.de
www.ffz-gera.de
Di 10-19 h,
Mi+Do 10-15 h

# Göttingen

- **Frauenbuchladen - Laura**
Burgstr. 21
D-37073 Göttingen
Tel. 0551-47317
www.laura-frauen
buchladen.de
Mo-Fr 10-18.30 h,
Sa 10-15 h

- **Café Kabale**
Geismar Landstr. 19
D-37073 Göttingen
Tel. 0551-485830
info@cafe-kabale.de
www.cafe-kabale.de
Di ab 20.30 h
FrauenLesbenbar

# Halle

- **Weiberwirtschaft**
Café im Frauenzentrum
Robert- Franz- Ring 22
D-06108 Halle
Tel. 0345-2024331
www.weiberwirt
schaft-halle.de
Di, Mi, Do ab 12 h
Frauencafé,
Fr 12-20 h offenes
Café

# Hamburg

- **Frauenbibliothek**
Grindelallee 43
D-20146 Hamburg
Tel. 040-4500644
www.denktraeume.de
Mo+ Di 11-14 h
Mo, Mi, Do 16-19 h

- **Frauencafé Endlich**
Dragonerstall 11
D-20355 Hamburg
Tel. 040-351616
www.cafe-endlich.de
Di- Fr 16-24 h,
Sa ab 14 h, So 9-24 h

- **Frauenkulturhaus -
Harburg e.V.**
Neue Str. 59
D-21073 Hamburg
Tel. 040-77 22 56
www.frauenkultur
haus-harburg.de
Di 10-12h, Do, 14-16 h

# Hannover

- **Schwule Sau -
Kulturzentrum**
Schaufelder Str. 30a
D-30167 Hannover
Tel. 0511-7000525
www.schwulesau
hannover.de
Jd. 3. Sa Frauenabend

- **Anna Bee -
Buchladen**
Stephanusstr. 12-14
D-30449 Hannover
Tel. 0511-1318139
www.annabee.de
Mo-Fr 10-19 h,
Sa 10-14 h

- **Fire Bar**
Knochenhauerstr. 30
D-30159 Hannover
Tel. 0511-2157557
www.fire-bar.de
Mo- Do 9-1h,
Fr+ Sa 9-3 h
jd. Mi Frauen-Lounge
ab 19 h

- **Café Konrad**
Knochenhauerstr. 34
D-30159 Hannover
Tel. 0511-323666
www.cafekonrad.de
So- Do 10-24 h
Fr+ Sa 10-1 h

# Heidelberg

- **Frauencafé**
Heinrich- Fuchs- Str. 9
D-69126 Heidelberg
Tel. 06221-168384
www.frauencafe-
heidelberg.de
Mo 14-18 h, Fr ab 20 h

# Kassel

- **Frauen- und
Lesbenzentrum**
Goethestr. 44
D-34119 Kassel
Tel. 0561-7004343
Di 18-21 h

- **Archiv der deut-
schen Frauenbewe-
gung**
Gottschalkstr. 57
D-34127 Kassel
Tel. 0561-9893670
www.addf-kassel.de
Di-Do 12-16 h und
nach Vereinbarung

- **Frauenbuchladen -
Aradia**
Pestalozzistr. 9
D-34119 Kassel
Tel. 0561-17210
www.aradia-frauen
buchladen.de
Mo- Fr 10-19 h,
Sa 10-14 h

## Kempten

- **Lesezeichen -
  Buchladen**
  Rathausplatz 9
  D-87435 Kempten
  Tel. 0831-18228
  www.lesezeichen-hansen.de
  Mo-Fr 9-12.30 h u. 14-
  18.30 h, Sa 10-14 h

## Kiel

- **Die Pumpe - Kultur-
  und Kommuni-
  kationszentrum**
  Haßstr. 22
  D-24103 Kiel
  www.diepumpe.de
  Jd. 3. Sa im Monat
  Lesbendisco

- **FrauenLesben-
  Sommercamp am
  Stocksee**
  c/o Haki, Westring 278
  D-24116 Kiel
  Tel. 04346-367340
  www.kikmedia.w4w.
  net/sommercamp

## Koblenz

- **Ladenlokal WMO-
  Shop/ just queer**
  Emil-Schüller-Str. 9
  D-56068 Koblenz
  Tel. 0261-9143301
  www.wmo-shop.de
  Mo-Fr 11-18 h,
  Sa 11-14h

## Köln

- **Frauengeschichts-
  verein**
  Marienplatz 4
  D-50676 Köln
  Tel. 0221-248265
  www.k-frauengeschichts
  verein.de
  Di+Do 9-12 h

- **Frauenmediaturm -
  Feministisches
  Archiv und Doku-
  mentationszentrum**
  Bayenturm
  D-50678 Köln
  Tel. 0221-9318810
  www.frauenmedia
  turm.de

- **Gloria – Theater
  Café, Club**
  Apostelnstr. 11
  D-50667 Köln
  Tel. 0221-660630
  www.gloriatheater.com

- **Gezeiten - Café,
  Restaurant**
  Balthasarstr. 1
  D-50670 Köln
  Tel. 0221-4747703
  www.gezeiten-koeln.de
  Di- So ab 18 h

- **Besser**
  Bar & Lunge
  Luxemburger Str. 20
  D-50674 Köln
  Tel. 0160-99135123
  www.besser-koeln.de
  Di-Do 19-1 h
  Fr+Sa 20 h-open end

- **blue lounge**
  tanzbar
  Mathiasstr. 4-6
  D-50676 Köln
  Tel. 0221-2717117
  www.blue-lounge.com
  Mi-So 21-3 h

## Konstanz

- **Belladonna**
  Frauen und Kultur e.V.
  Oberlohnstr.3/ Neuwerk
  D-78467 Konstanz
  Tel. 07531-61951
  www.belladonna-
  konstanz.de
  Mi+ Fr ab 21 h

## Leipzig

• **Frauenkultur e.V.**
Windscheidstr. 51
D-04277 Leipzig
Tel. 0341-2130030
www.frauenkultur-
leipzig.w4w.net
Mo-Fr 9-14 h,
Café Mi 19-24 h

• **Frauenbuchladen -
Tian**
Könneritzstr. 92
D-04229 Leipzig
Tel. 0341-4797475
Mo-Fr 13-18 h

• **Mona Liesa** -
Frauenbibliothek im
Haus der Demokratie
B. Göring- Str. 152
D-04277 Leipzig
Tel. 0341-3065260
www.monaliesa.leipzi-
gerinnen.de
Di 14-18h, Mi 9-12h,
Do 16-19h

• **RosaLinde - Café
& Bar**
Langen Str. 11
D-04277 Leipzig
Tel. 0341-1499360
www.rosalinde.de
Di-Do 17-23 h, Fr+Sa
19-2 h, So 14-22 h, Di
14-18 h, Mi+ Do 9-12 h

## Lübeck

• **Aranat - Feministi-
sches Frauenkultur-
zentrum**
Steinrader Weg 1
D-23558 Lübeck
Tel. 0451-4082850
www.aranat.de
Mo-Do 11-13 h,
Do 17-19 h

## Magdeburg

• **Frauenzentrum
Courage
Fraueniniative e.V.**
Karl-Schmidt-Str.56
D-39104 Magdeburg
Tel. 0391-4048089
www.courageimvolks
bad.de

## Mainz

• **Frauencafé - im
Frauenzentrum**
Walpodenstr. 10
D-55116 Mainz
Tel. 06131-221263
www.frauenzentrum-
mainz.de, Mi 18-23 h

• **auto-mobile Frauen
- Frauenfahrschule**
Hinkelsteinerstr. 7
D-55128 Mainz
Tel. 06131-9320222
www.MainzerFrauen
Fahrschule.de

## Mannheim

• **Frauenbuchladen -
Xanthippe**
D-68161 Mannheim
Tel. 0621-21663
www.frauenbuchla-
den-xanthippe.de
Mo-Fr 10-18.30 h,
Sa 10-16 h

## Marburg

• **Café Trauma**
Afföllerwiesen 3a
D-35039 Marburg
Tel. 06421-66317
www.cafetrauma.de
siehe Programm

## München

- **KOFRA - Kommuni-
  kationszentrum für
  Frauen**
  Baaderstr. 30
  D-80496 München
  Tel. 089-2010450
  www.kofra.de
  Mo-Do 16-22 h,
  Fr 14-18 h

- **Lillemor`s - Frauen-
  buchladen & Galerie**
  Barerstr. 70
  D-80799 München
  Tel. 089-2721205
  www.frauenliteratur.de
  Mo-Fr 10-19 h,
  Sa 10-14 h

- **Glanz**
  Frauencafé
  Sedanstr. 37
  D-81667 München
  Tel. 089-45802517
  Di, Mi, Do 9.30-18 h,
  Fr 9.30-14 h

- **Viva Clara -**
  Frauencafé
  Ickstattstr. 13
  D-80469 München
  Tel. 089-1301010
  www.vivaclara.de
  Mo-Fr 10-14.30 h

- **Inge`s Karotte -**
  Frauenbar/Disco
  Baaderstr. 13
  D-80469 München
  Tel. 089-2010669
  info@inges-karotte.de
  www.inges-karotte.de
  Mo-Sa 18-1 h, So 16-1 h
  So ab 18 h

## Münster

- **Livas - Lesben-
  zentrum**
  Am Hawerkamp 31
  D-48155 Münster
  Tel. 0251-8998900
  www.muenster.org/livas
  Büro Di 10-12 h
  Tanztee jd. 2. So
  15.30-18.30 h

## Nürnberg

- **Frauenbuch-
  handlung**
  Innerer Kleinreuther
  Weg 28
  D-90408 Nürnberg
  Tel. 0911-352403
  www.frauenbuch
  handlung.com
  Di, Mi, Fr 14-18 h,
  Do 14-20 h, Sa 10-13 h

## Oldenburg

- **Zentrum für
  Frauengeschichte**
  Cloppenburger Str. 71
  D-26135 Oldenburg
  Tel. 0441-776990
  Di, Mi, Do 10-12 h

- **Hempels**
  Ziegelhofstr. 83
  D-26121 Oldenburg
  Tel. 0441-7775990
  Do 20-23 h Lesbencafé

## Osnabrück

- **Frauenarchiv**
  Alte Münze 12
  D-49074 Osnabrück
  Tel. 0541-23326
  www.brass-computer.
  com/frauenarchiv
  Do 13-15 h und nach
  Vereinbarung

## Pforzheim

- **Frauen-Treff -
  Kassandra**
  Westliche- Karl-
  Friedrich-Str. 358
  D-75172 Pforzheim
  Tel. 07231-73200
  www.frauencafe-
  kassandra.de
  Fr ab 20 h Frauencafé

## Potsdam

- **Blaues Wunder - Frauencafé im Autonomen Frauenzentrum**
Zeppelinstr. 189
D-14471 Potsdam
Tel. 0331-901313
www.frauenzen
trum.potsdam.org

- **La Leander Café/ Bar**
Benkerstr. 1
D-14467 Potsdam
Tel. 0331-5058294
Tgl. 12-2.30 h

- **Canapé**
selostr. 28
D-14471 Potsdam
Tel. 0331-2369996
www.canape-
potsdam.de
Tgl. 14-21 h

- **Schichtwerk Potsdam**
Tel. 0177-6133637
www.schichtwerk-
potsdam.de
Internetportal

## Rostock

- **Frauencafé - Durchbruch**
Schröderstraße 21
D-18055 Rostock
Tel. 038203-736736

- **Frauentreff im Beginenhof**
Ernst- Haeckel- Str.1
D-18059 Rostock
Tel. 0381-4000413
info@beginenhof-
rostock.de
www.beginenhof-
rostock.de
Mittagstisch und Café
nach Voranmeldung

## Saarbrücken

- **Frauenbibliothek und Dokumen-tationszentrum Frauenforschung**
Bleichstr. 4
D-66111 Saarbrücken
Tel. 0681-9388023
www.frauenbiblio-
thek-saar.de
Di 10-17 h, Mi 10-13 h,
Do 16-19 h, Fr 10-13 h

- **Der Buchladen**
Försterstr. 14
D-66111 Saarbrücken
Tel. 0681-31171
www.derbuchladen.com
Mo-Fr 10-19 h, Sa 10-16 h

## Stralsund

- **FrauenTreff Sundine**
Ossenreyher Str. 25-26
D-18439 Stralsund
Tel. 03831-292280
www.sundine.de
Mo, Di, Do 10-16 h
Fr 8-12 h

## Stuttgart

- **Schwul- Lesbisches Zentrum**
Weißenburgstr. 28a
D-70180 Stuttgart
Tel. 0711-6404494
www.zentrum-
weissenburg.de
Mo-Fr 19-22 h,
So 15-22 h

## Tübingen

• **Frauenbuchladen -
Thalestris**
Bursagasse 2
D-72070 Tübingen
Tel. 07071-26590
www.frauenbuch
laden.net
Mo-Fr 10-19 h,
Sa 10-14 h

• **Frauencafé**
Weberstr. 8
D-72070 Tübingen
Tel. 07071-32862
www.frauencafe-
tuebingen.de
Do-Sa 20-24 h

## Unna

• **Internationale
Komponistinnen-
Bibliothek**
Nicolaistr. 3
D-59423 Unna
Tel. 02303-256170
Mo- Fr 10-13 h
www.kompo-unna.de

## Waiblingen

• **FRAZ - Frauenzentrum**
Lange Straße 24
D-71332 Waiblingen
Tel. 07151-15050

## Weimar

• **Frauenzentrum**
Johanna-Schopen-
hauer-Str.21
D-99423 Weimar
Tel. 03643-87116
www.frauenzentrum-
weimar.de
Mo 9-12h, Di+ Do
14-18h, Fr 9-12h

## Wiesbaden

• **Frauenmuseum**
Wörthstr. 5
D-65185 Wiesbaden
Tel. 0611-3081763
www.frauenmuseum-
wiesbaden.de
Mi+Do 12-18 h, So 12-17 h

• **Disco im Kultur-
palast Wiesbaden**
Saalgasse 36
D-65183 Wiesbaden
T. 0611-312860
www.kulturpalast-
wiesbaden.de

## Worms

• **Frauenzentrum**
Lutherring 21
D-67547 Worms
Tel. 06241-412595
www.frauenzentrum
worms.de
Mo+Di 10-12 h
Mi 15-17 h

## Wuppertal

• **Bücherladen mit
Frauen- Kulturraum**
Hünefeldstr. 83
D-42285 Wuppertal
Tel. 0202-88353

• **Urania** -
Frauenkneipe
Stiftstr. 12-14
D-42103 Wuppertal
Tel. 0202-449968
www.frauenzentrum-
urania.de

**POLEN** (☎0048/...), **TSCHECHIEN** (☎00420/...), **UNGARN** (☎0036/...),
**KROATIEN** (☎00385/...), **SLOWENIEN** (☎00386/...), **SLOWAKEI** (☎00421/...),
**SERBIEN** (☎00381/...)

**1** Privatzimmer Prag

**2** Pension Hohe Tatra

# 1 Privatzimmer Prag

**♀♂ Privatzimmer und -apartment in Prag Ganzjährig geöffnet**

Magda Vojtová
Na Palouku 14
CZ-10000 Praha 10 –
Strasnice
Tel. 00420-274-773180

Tschech., Engl., Deutsch

**Bahnhof/Metro** Trasse A Zelivského, dann Bus 155, 188, 208 zweite Haltestelle oder Tram 11, 26 Vozovna Strasnice

Mein Haus liegt im Villenviertel am Rande des Prager Zentrums. Ich vermiete im 1. Stock ein Apartment und ein Dachzimmer/DZ. Ein reichhaltiges Frühstück ist im Preis inbegriffen. Autos können im Garten geparkt werden.

- **Unterkunft** Apartment mit 2 DZ, Wohnzimmer mit Küchenecke, Bad/WC, TV, Dachzimmer/DZ mit WC, Waschbecken, Gemeinschaftsbad, Terrasse
- **Verpflegung** Frühstück, Selbstversorgung möglich, Kühlschränke vorhanden
- **Preis** Ap. 25 €/ÜF/Person, DZ 22 €/ÜF/Person, Kindertarif
- **Entfernung** Einkaufsmöglichkeit unweit

# Pension Tatra 2

**♀♂ Pension
in der Hohen Tatra
Ganzjährig geöffnet**

Sonja Vojtaskova
Beatrice Kvaszova
Lieskovec 3058
SK - 05957 Tatranska Strba
Mobil 00421-911867786
Fax 00421-245241664
Info@pension.tatra.com
www.pension-tatra.com

Inmitten des Nationalparks Hohe Tatra (950 m Höhe) befinden sich zwei neu renovierte Pensionen mit familiärer Atmosphäre zum Relaxen und Wohlfühlen, auf sonniger Lichtung umgeben von Wald und Blumenwiesen mit Lagerfeuerplatz, Grillmöglichkeit und absoluter Ruhe. Die 15 DZ haben einen schönen Ausblick in pure Natur. Im rustikalen Speiseraum mit Kamin verwöhnt Euch deutsch und englisch sprechendes Personal. Die Berge der Hohen und Niederen Tatra sowie das Slowakische Paradies sind gut zu erreichen: Bergsee, Cafés, Wanderrouten und Langlaufcenter, die Therme in Poprad verwöhnt mit Vitalprogrammen.

deutsch, engl., span., ital.

**Flughafen**
Bratislava 330 km
Budapest 280 km
**Bahnhof**
Strba 20 Min. Fußweg
Poprad 20 km (Schnellzug Bratislava)
**Nächster größerer Ort**
Poprad

- **Unterkunft** Alleinlage, 15 DZ/Du/WC, Speiseraum, Kamin, gr. Wiese, Grill- und Lagerfeuerplatz, Sonnenliegen
- **Verpflegung** Selbstverpflegung, HP ab 4 Pers. mögl.
- **Preise** 17 €/Ü/DZ/Pers., 30 €/Ü/DZ/HP/Pers., EZ-Zuschlag 10 €/Ü
- **Sonstiges** kinderfreundlich, Haustiere n. Abspr., Rauchen draußen
- **Freizeit** Wandern, Langlaufen, Baden, Kultur
- **Entfernungen** Ort/Einkaufen 1000 m

## SLOWAKEI
### Bratislava

• **Aspekt**
Bildungs- und Infor-
mationszentrum für
Frauen und feministi-
sche Kulturzeitschrift
P.O. Box 122 ASPEKT
SL-8884499
Bratislava1,
Büro: Laurinska 2
SL-81101 Bratislava
Tel. 0042-17-54431257
www.boell.de/de/05_
world/727.html

• **Ganymedes**
Internetportal für
Lesben & Schwule
www.ganymedes.info

## SLOWENIEN
### Ljubljana

• **Lezbicna Unjiznica**
Lesbenbibliothek und
-archiv
Metelkova 6, 1. Stock
SLO-1000 Ljubljana
Tel.00386-1-4303535
www.ljudmila.org
D+Fr 15-19 h

• **Feministicno-lezbic-
na skupina Kasandra**
Club Monokel für
Lesben
Masarykova 24
SLO-1000 Ljubljana
Tel.00386-1-4303535
Do-Sa ab 21 h
Frauen/Lesbenbar und
Treff

• **Kafetarija Lan**
Café nicht nur für
Schwule
Gallusovo nabrezje 27

## KROATIEN
### Zagreb

• **Zenska Infoteka**
Fraueninfotek
Varsavska 16
HR-10000 Zagreb
Tel. 00385-1-4830557
www.zinfo.hr
Informations- und
Dokumentations-
zentrum für Frauen

• **Center for Women
Studies**
Berislaviceva 12
HR-10000 Zagreb
Tel. 00385-1-4872406
www.zenstud.hr

• **Women´s
Counselling Center**
Nova cesta 4
HR-10000 Zagreb
Tel. 00385-1-2422800
www.cesi.hr

• **B.a.B.e.
Women´s Human
Rights Group**
Ilica 16
HR-10000 Zagreb
Tel. 00385-1-4662606
www.babe.hr

• **„Kontra" Project**
Frauenzentrum
HR-10000 Zagreb
Tel. 00385-1- 4573372
www.kontra.hr

**(KROATIEN)**

• **The NONA**
Multimedia Women´s
Center
Park Ribnjak 1
HR-10000 Zagreb
Tel. 00385-1-275048
www.videodocu-
ment.org/nona
Bibliothek, Archiv
(teilweise dt., engl.)

## SERBIEN
## Belgrad

• **Women Studies
Center**
Jove Jlice 165
11000 Belgrad
Tel. 00381-11-491219
www.zenskestudie.edu.
yu/eng/index.html
zenskestudie@sezam-
pro.yu
D+Fr 15-19 h

• **Autonomes
Frauenzentrum**
Trisova 5a
11000 Belgrad
Tel. 00381-11-645328

• **ROMA Women's
Initiatives**
www.romawomens-
initiatives.org

## UNGARN
## Budapest

• **Háttér Baráti
Társaság a Melegekért**
Unterstützungsgemein-
schaft für Lesben und
Schwule In Ungarn
Box 50
H-1554 Budapest
Tel. 0036-1-3509650
oder 3292670
www.hatter.hu
Tgl. 18-23 h

• **Lambda Budapest -
Association of Gay
Friends**
PO Box 388
H-1461 Budapest
Tel. 0036-2669959
www.masok.hu

• **Café Ekklektika**
♀♀ ♂♂
Café für Lesben,
Schwule, Heteros
Nagymezo utca 30
H-1065 Budapest
Tel. 0036-1-2661226
Tgl. 9-24h,
Frühstück 9-12 h
von Lesben geleitet

• **Amstel River Café**
♀♀ ♂♂
Holländisches Café-
Restaurant
Párizsi utca 6
H-1052 Budapest
Tel. 0036-1-2664334
Tgl. 12-24 h

• **Fenyögyöngye**
Restaurant für alle,
von Schwulen geleitet
Szépvölgyi út 155
H-1025 Budapest
Tel. 0036-1-3259783
u. 3255006
Tgl. 12 bis 23 h

• **Internet-Gayguide**:
www.gayguide.net/Eur
ope/Hungary/Budapest

• **Királyfúrdö**
Königsbad,
Dampfsauna
21 fu utca 82-86
H-Budapest
Tel. 0036-1-2023688
Mo, Mi, Fr 9-20 h
Frauentag

# POLEN

## Breslau

. . . . . . . . . . . . . . . . . . . . . . .

- **Scena**
Club ♀♀ ♂♂
Piotra Skargi 18
PL-50-082 Breslau
Tel. 0048-71-3444531
www.scenaclub.com
Tgl. 20-2 h

## Danzig

. . . . . . . . . . . . . . . . . . . . . . .

- **Kogiel-Mogiel**
Club ♀♀ ♂♂
Kolobrzeska 39F
PL-Danzig
Tgl. 20-2 h,
Wochenende 20-5 h

- **Viktoria**
Restaurant (gay-
friendly) mit italieni-
scher Küche
Ul. Krupinskiego 22
PL-Danzig

- **Safona**
Club ♀♀ ♂♂
Kopernika 17a
PL-Danzig
Tel. 0048-69-532558
Tgl. ab 19 h

## Krakau

. . . . . . . . . . . . . . . . . . . . . . . . . .

- **Centrum Kobiet**
Frauenzentrum
ul Krakowska 26/1
PL-Krakau
Tel. 0048-12-4226973
www.efka.org.pl/en
Bibliothek, Archiv

- **klubOKOcafé** ♀♀
Wegierska 1
PL-Krakau
Tel. 0048-12-423 59 79
www.anteart.com/oko
Club und Fotoaus-
stellung
Mo-So 11-23 h

- **7 Klub**
Club ♀♀ ♂♂
Swietego Filipa 7
PL-Krakau
Tel. 0048-12-6319500
www.7klub.com
Tgl. ab 20 h

- **Cyber Café**
Internet Café, Gallerie
Obozna 17
PL-30-011 Krakau
Tel. 0048-12-6313100
Tgl. 12-19 h

- **Queer**
Club ♀♀ ♂♂
Kremowska 16
PL- Krakau
www.queer.pl
So-Do 18-1 h,
Fr+Sa 18-4 h

- **Les Couleurs**
Club ♀♀ ♂♂
Estery 10
PL-Krakau
Tel. 0048-12-4294270
Mo-Fr 19-2 h,
Sa+So 20-2 h

- **Pozytywka**
Club ♀♀ ♂♂
Bozego Ciala 12
PL-Krakau
Tel. 0048-12-4306482
www.pozytywka.pl
Tgl. ab 18 h

## Poznan

. . . . . . . . . . . . . . . . . . . . . . . . . .

- **Grzechu Warte**
Club ♀♀ ♂♂
Swietego Marcina 23
PL- Poznan
Tel. 0048-61-8523703
www.clubpokusa.pl
So-Fr 18-1 h, Sa 18-5 h

- **Sfera Club**
Techno-Club ♀♀ ♂♂
Grochowe Laki 6
PL-61-752 Poznan
Tel. 0048-61-477584
tgl. ab 21 h

## Warschau

• **Kobiety – Women Voices**
1. Frauen-Online-Service
www.kobiety.pl

• **Oska**
Informationsbüro über Frauenorgani-sationen in Polen
Piekna 66 a, V pietro
PL-00-672 Warschau
Tel. 0048-22-6227802
www.oska.org.pl
auch Frauenarchiv

• **Lambda Warschau**
Hoza 50/40
Pl-00-682 Warschau
Tel.0048-22-6285222
www.warszawa.lamb-da.org.pl

• **Bastylia**
Creperie
Mokotowska 17
PL-00-640 Warschau
Tel. 0048-22-875 8709
Tgl. 7-22 h

• **Rasko**
Bar, Club
Krochmalna 32a
PL-Warschau
Tel. 0048-22-8900299
www.rasko.pl
Tgl. 17-? h

• **Kokon Club**
Brzozowa 37
PL-Warschau
Tel. 0048-22-8319540
www.kokonclub.pl
Tgl. 16-? h

• **Klub Paradise**
Bar, Club
Wawelska 5
PL- Warschau
Tel. 0048-502-222208
Fr+Sa 22-5 h

• **Utopia**
Bar, Club
Jasna 1
PL-00-013 Warschau
Tel. 0048-22-8271540
Tgl. 10-24 bzw. 5 h

## TSCHECHIEN

## Prag

• **Centrum pro Gender Studies**
Gorazdova 20
CZ-12000 Prag 2
Tel. 00420-224915666
www.feminismus.cz
Bibliothek, Infos

• **The Globe**
Buchladen, Café
Jahovského 14
CZ-17000 Prag 7
Tel. 00420-266712610
Tgl. 9-24 h

• **Celebrity Café**
Kitschiges Café
♀♀ ♂♂
Vinohradská 40
CZ-Prag 2
Tel. 00420-222511343
Tgl.10-2/4 h

• **Club Termix**
angesagter Club
♀♀ ♂♂
Tanzklub, Cocktailbar
Trebízského 4a
CZ-Prag 2
Tel. 00420-22710462
www.club-termix.cz

**(TSCHECHIEN)**

• **Downtown Café**
gemütliches Café
♀♀ ♂♂
Ujezd 19
CZ-11800 Prag 1
Tel. 00420-724111276
www.downtowncafe.cz
Tgl. 9-23/24 h

• **Erra Café**
Café, Frühstück
♀♀ ♂♂
Konviktská 11
CZ-Prag 1
Tel. 00420-222220568
www.sweb.cz/erra.
cafe/eng/index.html
Tgl.10-24 h

• **Jampadampa**
Trendige Bar für
Schwule und Lesben
Tunich 10
CZ-Prag 2
Tel. 00420-739592099,
00420-731568454
www.jampadampa.cz

• **k.u.**
Stylisches Café
♀♀ ♂♂
Rytirská 13
11000 Prag 1
Tel. 00420-221181081
www.kubar.cz
Tgl. 17-3/4 h

• **Piano Bar**
Gemütliche Kneipe
♀♀ ♂♂
Milesovská 10
CZ-Prag 3, Vinohrady
Tel. 00420-222969888
http://sweb.cz/piano-
bar

• **Stella Club**
Club ♀♀ ♂♂
Luzická 10
CZ-Prag 2, Vinohrady
Tel. 00420-224257869
www.stellaclub.
webpark.cz
Tgl. 20-5 h

**NIEDERLANDE (① 0031/...), BELGIEN (① 0032/...)**

**1** Boerderij De Diekn

**2** Hotelschiff Felicitas

**3** Gästehaus Amsterdam

**4** Marie's Logement

**5** Pension Brederode

# 1 Boerderij De Diekn

♀♂ **Ferienhaus,
Camping bei Groningen
Ganzjährig geöffnet**

Ruth Harmsen
Francien van der Meeren
Neeltje van den Boom
Dijkumerweg 2
NL-9914 TH Zeerijp
Tel. 0031-596-581199
Fax 0031-596-581194
dediekn@orange.nl
www.dediekn.nl

Niederl., Deutsch, Engl.,
Franz., Span.

**Bahnhof**
Loppersum 3,5 km
**Transfer/Abholen**
Gegen 4 € möglich

Die Boerderij De Diekn wird von Frauen geführt, die einen Bauernhof für Gäste umgebaut haben. Die weite Landschaft unweit des
Wattenmeeres lädt ein zum Wandern, Radeln,
Paddeln oder Wattlaufen. In der Nähe gibt es
Kunstwerkstätten, alte Dörfer, Schlösser und
vieles mehr. Wir bieten Euch eine gastfreundliche Atmosphäre, mit Zimmern für Gruppen sowie Einzelreisende. Unser Bauernhof ist gut geeignet für Seminare. Im Sommer findet bei uns
eine Ferienwoche für Lesben statt und im 25
km entfernten Groningen könnt Ihr Euch im
Frauencafé treffen.

- **Unterkunft** 4 DZ, Gemeinschaftsbad/WC
  oder mit eigener Du/WC, 2 Schlafräume
  (9/11 Betten), 4 Bäder, 4 WCs, Küche,
  10 Zeltplätze, 1 Hütte, Aufenthaltsräume,
  Liegewiese, Feuerplatz
- **Verpflegung** Frühstück möglich, vegetarische
  HP und VP (auch vegan) für Gruppen möglich
- **Preise** DZ ab 35 €/ÜF/Pers., Mehrbettzimmer
  15 €/Ü/Pers., Gruppenunterkunft (für 20
  Pers.) 800 €/Wochenende, 1.250 €/Mo-Fr,
  1.700 €/Woche, Zeltplatz 9 €/Ü/Pers., Hütte
  (2-4 Pers.) 50 €/Tag, 100 €/WE, 300 €/Woche
- **Freizeit** Fahrräder, Tischtennis, Beachvolley-
  ball, Liegerad- und Kanuverleih
- **Sonstiges:** rollstuhlgerechtes Bad/WC, kin-
  derfreundlich, Hunde nach Absprache, Tiere
  auf dem Hof
- **Entfernungen** Einkaufen, Naturschwimmbad
  3,5 km, Wattenmeer 10 km

♀ **Hotelpassagierschiff im Zentrum von Amsterdam**

Sanne van Sonsbeek,
Sonni Würtenberg
Postadresse:
V.o.f. Felicitas Charters
Postbus 1524
NL-1000 BM Amsterdam
Telefon 0031-65-3507565
info@vansonsbeek.nl
www.felicitas-charters.nl

Holland von seiner schönsten Seite erleben! **Von April bis Okt.** bieten wir auf dem Hotelschiff „Felicitas" Wochenreisen für Frauengruppen von 22 bis 24 Personen an. Geruhsame Fahrten durch abwechslungsreiche Wasserlandschaften, zu kulturhistorisch interessanten Städten oder über das IJsselmeer nach Texel. Verschiedene Routen können mit Radtouren entlang Flüssen und durch Dünenlandschaften ideal kombiniert werden. **Von Nov. bis März** liegt die ‚Felicitas' im Zentrum von Amsterdam in ruhiger Lage. Übernachtungsdauer mind. 2 Nächte und 2 Personen. Prospekte oder DVD von unserer Reise können gerne angefordert werden. Das Unterdeck mit den Kabinen der Felicitas wurde im Winter 2005/2006 ganz erneuert.

- **Unterkunft** 11 Kabinen mit Du/WC, (keine Etagenbetten), großer Salon, Sonnendeck
- **Verpflegung** Frühstück, bei Wochenreisen HP oder VP.
- **Preise** EZ 55 €ÜF, DZ 40 €/ÜF/Frau, Wochenfahrten ab 400 €/HP/Frau
- **Sonstiges** Rauchen an Deck gestattet, Fahrradmiete bei Gruppenreisen 45 € pro Woche

**Flughafen**
Amsterdam 10 km
**Bahnhof**
Hauptbahnhof 500 m

# 3 Gästehaus Amsterdam

**♀♂ Ferienzimmer**
**Ganzjährig geöffnet**

Hilke Tasman-Krohn
Donarstraat 8
NL-1076 CB Amsterdam
Tel. 0031-20-6713435

Niederl., Deutsch

**Bahnhof** Centraal Station
Amsterdam

Ich vermiete zwei gemütlich eingerichtete Zimmer im 2. Stock eines großen Einfamilienhauses in der Stadt. Das Haus liegt in einer ruhigen Nebenstraße, die Verbindungen zum Zentrum sind sehr gut. In den Zimmern befinden sich viele Bücher, Kataloge und Informationen zu Amsterdam bzw. den Niederlanden und ihren Sehenswürdigkeiten. Geschirr, Heißwasserboiler für Tee und Kaffee und ein Kühlschrank stehen meinen GästInnen zur Verfügung.

- **Unterkunft** 1 MZ, 1 DZ, insgesamt 5 Pers.
- **Verpflegung** Frühstück, Selbstversorgung
- **Preise** 28-30 €/ÜF/Person

# 4 Marie's Logement

**♀♂ Privatunterkunft,**
**Studio in Amsterdam**
**Ganzjährig geöffnet**

Marie Roelofsen
Tel: 0031-20-6269466
poede@hetnet.nl
www.marieroelofsen.nl

Alle west-europäischen
Sprachen

**Bahnhof** Centraal Station
Amsterdam, Amstelstation
Amsterdam

Freundliches Ferienzimmer nahe dem Stadtzentrum von Amsterdam. Die Unterkunft besteht aus einem Zimmer mit frisch bezogenem Bett, Handtüchern, Leselampen, Arbeitstisch und bequemen Sesseln. Küche, Dusche und Toilette sind innerhalb des Studios. Kaffee, Tee, Zucker u.ä. stehen bereit...

- **Verpflegung** Frühstück in Selbstversorgung
- **Preise** DZ 70 €/Ü, Ermäßigung für Alleinreisende
- **Sonstiges** Rauchen unerwünscht, Haustiere gestattet, Parkplatz kostet in Amsterdam extra!
- **Entfernungen** öff. Verkehrsmittel 5 Min.

# Pension Brederode 5

Gepflegte „Regenbogenpension" von 2 Frauen geführt. Gemütlich, zentral und ruhig gelegen. Studios mit Dusche, Toilette, Terrasse, Fernseher und kleiner, komplett eingerichteter Küche zur Selbstversorgung verheißen einen perfekten Urlaub. Strand und Zentrum sind in 5 Minuten Fußweg erreichbar. Amsterdam ist 30 Minuten, Haarlem 10 Minuten Bahnfahrt entfernt. Die schöne Landschaft verlockt neben dem Baden zum Wandern und Radeln.

- **Unterkunft** DZ o. MZ mit Du/WC, Ap. (max.10 Pers.)
- **Verpflegung** Selbstversorgung
- **Preise** Ap. 45-70 €/2 Pers.
- **Sonstiges** allergikerinnengeeignet, Haustiere erlaubt, drahtloses Internet
- **Entfernungen** Einkaufen, öff. Verkehrsmittel und Strand 5 Min.

♀♂ **Pension in Westholland**
**Ganzjährig geöffnet**

Wil van Teesling
Renée de Vries
Brederodestrasse 36
NL-2042 B G Zandvoort
Tel./Fax 0031-23-5716240
Mobil 0031-615-477015
wilrenee-brederode@hetnet.nl
www.pensionbrederode-zandvoort.com

Niederl., Deutsch, Engl.

**Nächster größerer Ort**
Haarlem 6 km,
Amsterdam 20 km
**Bahnhof** 800 m

## NIEDERLANDE

# Amsterdam
..........................

• **Boekhandel**
Xantippe Unlimited
Prinsengracht 290
NL-1016 HJ Amst.
Tel. 0031-20-6235854
www.xantippe.nl
Mo 13-19 h,
Di-Fr 10-19 h,
Sa 10-18 h,
So 12-17 h

• **Antiquariat
Vrouwen in Druk**
Westermarkt 5
NL-1016 DH Amst.
Tel. 0031-20-6245003
www.xs4all.nl
Mo-Fr 11-18 h,
Sa 11-17 h

• **International
Women's Archives
and Library**
Obiplein 4
NL-1094 RB Amst.
Tel. 0031-20-6650820
Fax 0031-20-6655812
www.iiav.nl
Mo 12-17 h,
Di-Fr 10-17 h

• **Buchladen Vrolijk
Gay & Lesbian
Bookshop**
Paleisstraat 135
NL-1012 ZL Amst.
Tel. 0031-20-6235142
Fax 0031-20-6383807
www.vrolijk.nl
Mo 11-18 h, Di,
Mi+Fr 10-18 h,
Do 10-19 h,
So 10-17 h

• **The National
Lesbian & Gay
Centre**
Rozenstraat 8
NL-1012 Amsterdam
Tel. 0031-20-6234596
www.coc.nl

• **Vive la Vie**
Frauen/Lesbencafé
Amstelstraat 7
NL-1017 DA
Amsterdam
Tel. 0031-20-6240114
www.vivelavie.net
Mo+So 12-1 h,
Fr+Sa bis 3 h

• **Saarein II**
Café ♀♀ ♂♂
Elandstraat 119
NL-1016 RX Amst.
Tel. 0031-20-6234901
www.saarein.nl
Mo 11.30-1 h
Fr-So bis 2 h

• **Café Vandenberg**
♀♀ ♂♂
Lindengracht 95
NL- Amsterdam
Tel. 0031-20-6222716
Mo+So 17-1 h

• **Huyschkaemer De**
Restaurant, Bar
♀♀ ♂♂
Utrechtsesstraat 137
NL-1017 Amsterdam
Tel. 0031-20-6270575
Mo-Do 15.30-1 h,
Fr+Sa 15.30-2 h

• **You II**
Club ♀♀ ♂♂
Amstel 178
NL-Amsterdam
www.youii.nl
Fr+Sa 22-5 h,
So 16-1 h

• **Trut**
Disco ♀♀ ♂♂
Bildereijkstraat 165e
NL-1053 KP Amst.
www.trutfonds.nl

• **Custom Café Sugar**
Café ♀♀ ♂♂
Hazenstraat 19
NL-1016 SM
Amsterdam
Tel. 0031-20-4865433
Mi-Mo ab 14 h
Girl-Café

- **MW 11 Bar**
Bar, Nachtclub
Oosterdokskade 3-5
NL-1011 AD
Amsterdam
Tel. 0031-20-625999
Tgl. ab 11-1,
Fr+Sa bis 4 h

## Den Haag

- **Café Basta im CoC**
Café ♀♀ ♂♂
Scheveningsever 7
NL-2514 HB Den Haag
Tel. 0031-70-3642184
www.cochaaglanden.nl
Jd. 1. Sa im Monat
Frauenabend ab 21 h

## Groningen

- **Vrouwencafé De Koningin**
Boteringsestraat 60
NL- Groningen
Tel. 0031-50-3145962
www.cafedekoningin.nl
Do-Sa 21-2 h

## Hertogenbosch

- **Orangerie**
Disco in der
Kathedrale ♀♀ ♂♂
Josephstraat 15a
NL-5211 NH s'-
Hertogenbosch
Tel. 0031-73-6148701
www.orangerie.nl

## Nijmegen

- **Boekhandel De Feeks**
Buchladen ♀♀ ♂♂
Van Welderenstr. 34
NL-6511 ML Nijmegen
Tel. 0031-24-3230276
www.defeeks.nl
Mo, Di, Do, Fr 10-18 h,
Sa 10-17 h

## Rotterdam

- **Hole-bar im CoC**
♀♀ ♂♂
Schiedamsesingel 175
NL-3000 AT Rott.
Tel. 0031-10-4141555
www.cocrotterdam.nl
Jd. 3. Sa im Monat
Ladies night

## Utrecht

- **IDEA**
Frauenbibliothek
Janswerkhof 1
NL-3512 CR Utrecht
Tel. 0031-30-2347303
www.vrouwenbiblio-
theek.nl
Di+Mi 13-17 h,
Do 13-20 h, Fr 13-17 h,
Sa 11-15 h

- **Acu**
Restaurant & Disco
Voorstraat 71
NL-3512 EB Utrecht
Tel. 0031-30-2314590
www.acu.nl
Do-So 17-2 h, Fr+Sa
21-4 h

## Wageningen

- **Shikasta**
Frauenbuchladen
Junusstraat 17
NL-6701 AX Wag.
Tel. 0031-31-7421538
www.shikasta.nl
Di-Do 10-18 h,
Fr 10- 21 h, Sa 10-17 h

# BELGIEN

## Antwerpen

• **Zentrum für Frauenstudien – UIA**
Universiteitsplein 1,
Gebäude J,
B-2610 Wilrijk/
Antwerpen
Tel. 0032-3-8202886
www.uia.ac.be

## Brüssel

• **Tels Quels**
Bar ♀♀ ♂♂
81, Rue du Marché au
Charbon
B-1000 Brüssel
Tel. 0032-2-5123234
www.telsquels.be
Mo, Di, Do, So 17-2 h,
Fr 17-4 h, Sa 14-4 h

• **H2O**
Bar, Club ♀♀ ♂♂
27, Rue du Marché au
Charbon
B-1000 Brüssel
Tel. 0032-2-5123843
Fr, Sa 22-7 h

• **The Gate**
Club, Disco ♀♀
36, Rue du Fossé aux
Loups
B-1000 Brüssel
Tel. 0032-2-2230434
Sa+So ab 18 h

• **Why Not**
Café ♀♀ ♂♂
7, Rue des Riches
Claires
B-1000 Brüssel
Tel. 0032-2-5126343
Mo-So 23-1 h

• **www.rainbow-house.be**
Internetportal mit vielen nützlichen Links
und Infos

## Gent

• **Cherry Lane**
Club ♀♀
Meerseniersstraat 3
B-9000 Gent
Tel. 0032-9-2337491
Fr+Sa ab 22h-?
So ab 20 h

## Mons

• **Half & Half**
Café, Bar ♀♀
2, Rue de la Poterie
B-7000 Mons
Mi+Do ab 22 h
Fr+Sa ab 21 h

**SCHWEIZ (☎ 0041 / ...), ÖSTERREICH (☎ 0043 / ...)**

1 Flora 17

2 Stauffacherin

3 Ferienwohnung Kärnten

Am Rhein flanieren, durch die Altstadt bummeln, Museen besuchen, in kleinen Läden stöbern und vorzüglich speisen. Das alles bietet Basel im Dreiländereck. Das Haus Flora 17 ist eine hübsche 2-Zimmerwohung mit Küche, Bad und Balkon im EG und liegt in Kleinbasel nahe am Rhein, neben dem Kulturzentrum Kaserne. Mit dem attraktiven Fährschiff ist man in wenigen Minuten am Marktplatz im Zentrum der Stadt. In Basel gibt es zudem interessante KULT Kinos, die berühmte Basler Fasnacht und die internationale Kunstmesse ART. Vielfältige Unternehmungen wie die Frauenstadtrundgänge, ein Kurztrip nach Freiburg und in den Schwarzwald oder ein Besuch der städtischen Freibäder sowie des Frauenbades im Eglisee runden den Aufenthalt ab. Weitere Infos unter: www.so-stebler.ch

♀ **Apartment in Basel**
**Ganzjährig geöffnet**

Stebler, Maya
Schmakowski, Rafaela
Florastrasse 17
CH-4057 Basel
Tel. 0041-691-16 25/26
Mobil 0041-78 609 02 03
u. 0049-170 485 34 48
maya.stebler@bluewin.ch
post@rafaela-
schmakowski.de
www.so-stebler.ch
www.rafaela-schmakowski.de

Deutsch, Engl.

**Nächster größerer Ort**
Zürich 90 km, Freiburg i/Br.
60 km, Colmar 75 km
**Flughafen**
Basel-Freiburg 5 km
**Bahnhof**
Basel Badischer Bahnhof
oder Basel Schweizer
Bahnhof (SBB) 1,5 km
**Transfer**
Tram 8 oder Bus 30

- **Unterkunft** 2-Zimmerwohung mit Küche, Bad und Balkon im EG
- **Ausstattung** schöne Ausstattung der Wohnung, kostenlose Internetnutzung, Balkon
- **Verpflegung** Selbstversorgung
- **Preise** 270 €/1-2 Pers./mind. 3 Nächte inkl. Wäsche und Reinigung. Für längere Aufenthalte Preis auf Anfrage
- **Sonstiges** Jungen bis 14 J., allergikerinnengeeignet, auf Anfrage behindertengerecht, Nichtraucherinnenwohnung, 2 Fahrräder zur Vermietung, Parkplatz vorhanden
- **Freizeit** Rheinschifffahrt, Ausflüge in den Jura, in das Elsass, zum Goetheanum nach Dornach und in die nahen Berge
- **Entfernungen** Einkaufen 150 m, Baden im Rhein 50 m, Haltestellen Tram/Bus 50 m, Bahn 1,5 km

# Haus zur Stauffacherin 2

♀ **Hotel und Pension
für Frauen in Zürich
Ganzjährig geöffnet**

Margrit Elisabeth Fischer,
Pensionsleitung
Kanzleistrasse 19
CH-8004 Zürich
Tel. 0041-44-2416979
Fax 0041-44-2416729
stauffacherin@bluewin.ch
Bürozeiten 8-17 h

Deutsch, Engl., Franz., Ital.

Das Haus zur Stauffacherin ist unterteilt in einen Hotelteil und einen betreuten Pensionsteil. Der Hotelteil steht Besucherinnen und berufstätigen Frauen aus aller Welt offen. Im Pensionsteil wohnen Frauen, die sich auf dem Weg in die soziale Selbständigkeit befinden. Dabei werden sie durch fachlich ausgebildete Mitarbeiterinnen unterstützt. Wir legen Wert auf eine herzliche und angenehme Atmosphäre, in der sich unsere Gäste wohl fühlen. Eine Tramhaltestelle mit Verbindungen in alle Richtungen ist wenige Minuten Fußweg entfernt. Das Haus liegt zentral in Zürich, einer Stadt mit verlockend vielfältigen kulturellen Angeboten.

**Flughafen**
Zürich Kloten
**Bahnhof**
Zürich Hauptbahnhof

- **Unterkunft** 11 EZ mit Bad/Du/WC, 2 DZ mit Bad/Du/WC, Terrasse, Parkplätze auf Anfrage
- **Verpflegung** Frühstücksbuffet, im Pensionsteil preisgünstig HP und VP möglich, auch vegetarisch
- **Preise** EZ 115 CHF/ÜF, DZ 170 CHF/ÜF zzgl. 1,50 CHF/Nacht und Person City-Tax
- Für längere Aufenthalte **Spezialpreise** auf Anfrage.
- **Sonstiges** Rauchen in Raucherinnenecke und auf Terrasse, sonst rauchfrei
- **Freizeit** alles, was eine Großstadt bietet

**107**

# Aarau

• **Frauenzentrum**
Aarau
Kronengasse 5
CH-5001 Aarau
Tel. 0041-79-4608443
www.fzaarau.ch.vu
Offener Treff Do 19-24 h

# Basel

• **Frauenstadtrundgang**
Verein
Postfach 1406
CH-4001 Basel
Tel. 0041-61-2670764
www.femmestour.ch

• **Frauenzimmer**
Verein
Klingentalgraben 2
CH-4057 Basel
Tel. 0041-61-6830055
www.effzett.ch
Café, Bibliothek

• **Hirscheneck**
Restaurant ♀♂
Lindenberg 23
CH-4058 Basel
Tel. 0041-61-6927333
www.hirscheneck.ch
Jd. 2. Fr im Monat
Frauendisco ab 22 h

• **Intermezzo**
Restaurant ♀♂
Elsässer Str. 186
CH-4053 Basel
Tel. 0041-61-7119750
Mo ab 20 h Frauenbar

# Bern

• **Frauenbuchhandlung**
Irene Candinas
Münstergasse 41
CH-3000 Bern
Tel./Fax
0041-31-3121285
www.frauenbuch-
handlung.ch
Mo 10-18.30 h,
Di-Fr 8.30-18.30 h,
Sa 8.30-16 h

• **Stattland Bern**
Frauenstadtrundgänge
Postfach 8353
CH-3001 Bern
Tel. 0041-31-3711017
www.stattland.ch

• **Frauenbibliothek in
der Villa Stucki**
Seftigenstr. 11
CH-3007 Bern
Tel. 0041-31-3714440
Mi 15-17 h, Sa 10-11 h

• **Frauenbistro Aida**
Friedheimweg 18
CH-3007 Bern
Tel. 0041-79-4344165

• **Frauenbeiz in der
Brasserie Lorraine**
Quartiersgasse 17
CH-3013 Bern
Tel. 0041-31-3223929
www.frauenbeiz.ch
Mo alle 14 Tage
ab 18.30 h

• **Welle im Gaskessel**
Frauendisco
Sandrainstr. 25
CH-3007 Bern
Tel. 0041-31-3724900
Fax 0041-31-3710838
www.gaskessel.ch
Jd. 3. Fr im Monat
ab 19 h

• **In vino veritas**
ganz kleine Bar ♀♀ ♂♂
gegenueber
Muristrasse 73
CH-3006 Bern
Do ab 19.30

• **Tolerdance im ISC**
♀♀ ♂♂
Neubrückstr. 8
CH-3012 Bern
www.tolerdance.ch
Jd. 4. Sa im Monat ab
22 h lesbisch-schwule
Party

## Frauenfeld

- **Frauenbeiz im Restaurant Eisenbeiz**
Industriestr. 23
CH-8501 Frauenfeld
Tel. 0041-52-7301608
Jd. Mo ab 20 h

## Fribourg

- **Tours de ville**
Femmes à Fribourg
Frauenstadtrundgänge
Grand-Fontaine 31
CH-1700 Fribourg
Tel. 0041-26-3231206

## Genf

- **Libraire l´inédite**
Frauenbuchladen
18, av C. Mermillaud,
CH-1227 Genf
Tel. 0041-22-3432233

- **Frauenzentrum**
Natalie Barney
5, rue de l´Industrie
CH-1201 Genf
Tel. 0041-22-7972714
www.lestime.ch

## Luzern

- **Frauenzentrum Zefra**
Vonmattstr. 44
CH-6003 Luzern
Tel. 0041-41-2407140
Mi 14-16 h
Fr 19-21 h

- **Mona Lila im lesbisch-schwulen Zentrum Uferlos**
Geissensteinring 14
CH-6000 Luzern 5
Tel. 0041-360 03 54
Jd. 2. Sa im Monat
Frauendisco 22-4 h

## Solothurn

- **Frauenzentrum**
Prisongasse 4
CH-4500 Solothurn
Tel. 0041-32-6227374
Fr. ab 20 h

- **La Strada ♀♂**
Restaurant, Bar
Neustadtstr.27
CH-6003 Luzern
www.lastrada-bar.ch
Jd. Fr. 19-?h
Lesbenstammtisch

## St. Gallen

- **Wyborada**
Frauenbibliothek
Davidstr. 42
CH-9000 St. Gallen
Tel. 0041-71-2226515
www.wyborada.ch
Mo-Do 14-18 h,
Fr 15-19 h,
Sa 13-16 h

- **Archiv für Frauen- und Geschlechtergeschichte**
St. Leonhardtstr. 63
CH-9000 St. Gallen
Tel. 0041-71-2229964
www.frauenarchiv-ost.ch

- **Frauenbeiz**
Engelgasse 22
9000 St. Gallen
Tel. 0041-71-223 35 75

- **La Luna im Frauenraum Thendara**
Sittertalstr. 34
CH-9000 St. Gallen
www.d.planet.ch/user s/femail/laluna
Sa ab 21.30 h
Frauendisco

(St. Gallen)

• **Peppermint**
Café, Bar ♀♀ ♂♂
St. Jakobstr. 103
CH-9000 St. Gallen
Tel. 0041-71-2452498
Mo-Do 18-24 h,
Fr+Sa 18-? h

• **Bar 77** ♀♀
Linsenbühl
CH-9000 St. Gallen
Tel. 0041-71-2227222

• **Cafe im Kugl**
♀♀ ♂♂
Schwullesbisches Café
Kultur am Gleis
Güterbahnhofstrasse 4
CH-9000 St.Gallen
Tgl. ab 18.00

## Winterthur

• **Lesbentreff/Bar im Derwisch**
Badgasse 8
Winterthur
Mi. ab 19.30h

## Zürich

• **Frauenzentrum**
Mattengasse 27
CH-8004 Zürich
Tel. 0041-44-2728504
http://frauenzentrum.
fembit.ch

• **Schema F**
Bibliothek im
Frauenzentrum
Mattengasse 27
CH-8005 Zürich
Tel. 0041-44-2719688
Di+Do 18-20 h

• **FrauenLesbenArchiv**
Quellenstr. 25
CH-8026 Zürich
Tel. 0041-44-2733949

• **Buch & Wein**
Rosmarie Gfeller
Ankerstr. 12
CH-8004 Zürich
Tel. 0041-44-2404240
www.buchundwein.ch
Di 13-19 h,
Mi,Do,Fr 10-19 h,
Sa 10-16 h
Kl. Frauenbuch-
sortiment

• **Verein Frauenstadt-rundgang**
Zürich
Postfach 668
CH-8037 Zürich
Tel. 0041-76-3951636
(mobil)

• **BOA Frauen Lesben Agenda**
Aemtlerstr. 74
CH-8003 Zürich
Tel. 0041-44-4619044
Fax 0041-44-4619045
www.boa.fembit.ch
Di 10-12 h

• **Frauenbeiz Pudding Palace im Frauenzentrum**
Mattengasse 27
CH-8005 Zürich
Tel. 0041-44-2715698
Di-Fr 12-14 h, 18-22 h,
Sa ab 18 h

• **Verein Warmer Mai**
♀♀ ♂♂
Postfach 62
CH-8024 Zürich
www.warmermai.ch
Kulturfestivals,
Veranstaltungen

• **Labyrinth**
Club ♀♀ ♂♂
Spitalgasse 3
CH-8001 Zürich
Tel. 0041-44-2429840
www.labyrinth.ch
Fr+Sa ab 23 h
So 22-4 h

• **Le Bal im Kongresshaus**
♀♀ ♂♂
Beethovenstr. 8
CH-8002 Zürich
Tel. 0041-44-2063636
www.kongresshaus.ch
Do-Sa 23-4 h Disco
So ab 22-2 h
Frauendisco

- **Café Centro im HAZ**
♀♀ ♂♂
Sihlquai 67
CH-8005 Zürich
Tel. 0041-44-2712250
www.haz.ch
Fr 19.30-23.30 h

- **Tanzleila**
Frauenparty in der
Kanzlei
Kanzleistr. 56
CH-8004 Zürich
Tel. 0041-44-2427310
www.tanzleila.
fembit.ch
Jd. 1. So im Monat
ab 18 h

- **Pearl Bar**
Birmendorferstrasse 83
CH-Zürich
Tel. 0041-44-4631815

- **Truebli Smart Bar**
Zeughausstr. 67
CH-8004 Zürich
Tel. 0041-1-242 87 97

- **TipTop-Bar**
lesbenfreundliche Bar
Seilergraben 13
CH-8001 Zürich

Reisebüros:

- **Women Travel**
Weinbergstrasse 25
CH-8001 Zürich
Tel. 0041-44-3503050
www.womentravel.ch

- **Ladytours**
Tödistr. 48 /
Postfach 823
CH-8812 Horgen
Tel. 0041-44-2417801
info@lttravel.ch

- **All Ways Reisen**
Gartenhofstr. 27
CH-8004 Zürich
Tel. 0041-44-2411313
Fax 0041-44-2411333
www.allways.ch

## Zug

- **Verein Frauenstadt-rundgang**
Zug
Postfach 4701

# 3  Ferienwohnung in Kärnten

**♀♂ Ferienwohnung
am Wörthersee
Ganzjährig geöffnet**

Josefine Lecjaks
Brenndorfer Str. 18
A-9201 Krumpendorf
Tel. 0043-4229-3504
(Mo-So 19-21 h)

Information/Buchung auch:
Margit Frieck
Gäublick 32
D-70499 Stuttgart
Tel. 0711-8873443

Deutsch

**Bahnhof**
Klagenfurt 10 km

Ich biete eine komfortable Ferienwohnung mit komplett ausgestatteter Küche, Bad/WC, Zentralheizung und 2 Wohn-/Schlafräumen für bis zu 4 Personen. Der nahe gelegene Wörthersee lädt zum Schwimmen, zu Bootsfahrten und zu Schiffsausflügen ein. Die Landschaft kann durch Wandern oder per Rad erlebt werden. Die zentrale Lage ermöglicht Ausflüge nach Italien und Slowenien, viele Freizeitangebote und Attraktionen können genossen werden. Zum Haus gehört ein großer Garten mit überdachten Sitzmöglichkeiten, die genutzt werden können. Die Vermieterin wohnt im Haus.

- **Unterkunft** Ferienwohnung 60 qm, 2 Zimmer, Bad/WC, Wohnküche, TV, Radio, Waschmaschine, Zentralheizung, Bettwäsche vorhanden, Liegewiese
- **Verpflegung** Selbstversorgung
- **Preise** 143 €/Woche/Person, Kindertarif 50%, Endreinigung 15 €/Wohnung
- **Sonstiges** kinderfreundlich, Katze im Haus, Haustiere nicht erlaubt
- **Entfernungen** Einkaufen/Ort 1,5 km (Bus), See 2 km, Klagenfurt 8 km (Bus), Italien und Slowenien 50 km

# Bregenz

• **Frauengetriebe**
Frauenbildungs- und
Kommunikationszentrum
Schillerstr. 2
A-6900 Bregenz
Tel. 0043-5574-45538
Fax 0043-5574-45538-9
www.frauengetriebe.at
Mo-Do 9-12+13-18 h
Fr 9-12 h

• **Club Antenne**
Frauencafé
Moosmahdstr. 4/I. Stock
6850 Dornbirn
Do 15-17 h

# Graz

• **Frauendokumentations-, forschungs- und -bildungszentrum**
Radetzkystr. 18
A-8010 Graz
Tel. 0043-316-820628
Fax 0043-316-8206284
office@doku.at
www.doku.at
Mo, Di, Fr 10-13 h,
Mi 14-18 h

• **Frauenservice Graz**
Idlhofgasse 20
A-8020 Graz
Tel. 0043-316-7160220
Fax 0043-316-7160228
www.frauenservice.at/
bildung
Frauenstadtspaziergänge

• **Stadtteilcafé Palaver**
Internetcafé ♀♂
Griesgasse 8
A-8020 Graz
Tel. 0043-316-712448
Fax 0043-316-712448-8
www.frauenservice.at/
palaver
Mo-Fr 9-14 h,
Mi 9-18 h
Multifunktionaler
Frauenraum

• **Now@**
Internet-Café für
Frauen
R.-H.-Bartsch-Str. 15-17A
A-8010 Graz
Tel. 0043-316-
48260031
www.nowa.at
Di, Mi+Fr 9-13 h,
Do 12-20 h

• **feel free**
Frauencafé im
Steirischen
Schwulen- &
Lesbenzentrum
Rapoldgasse 24
A-8020 Graz
Tel. 0043-316-366601
www.rlp.homo.at
Fr. 19-23 h Frauencafé

# Innsbruck

• **Archiv für feministische Dokumentation**
Liebeneggstr. 8
A-6020 Innsbruck
Tel. 0043-512-5074039
Do 16-19h

• **Cafe Anchora im Frauen/Lesbenzentrum**
Liebeneggstr. 15
A-6020 Innsbruck
Tel./Fax
0043-512-580839
www.frauenlesben-zentrum.at
Mi, Fr 20.30-24 h

# Klagenfurt

• **Frauenzentrum Bella Donna**
Villacherring 21/2
A-9020 Klagenfurt
Tel. 0043-463-511248
Mo-Fr 9-12 h

# Linz

..........................

• **Autonomes
Frauenzentrum**
Humboldtstr. 43
A-4020 Linz
Tel. 0043-732-2200/60
www.frauenzentrum.at
Bibliothek & Café
Mo 18-22 h

• **Frauencafe Linz**
Kaplanhofstraße 1
A-4020 Linz
Tel. 0043-732-774460
office@fgz-linz.at
Mi 16.30-18 h

# Salzburg

..........................

• **Daimler's Bar**
♀♀ ♂♂
Giselkai 17
A-5020 Salzburg
Tel. 0043-662-873967
tgl. 20-4 h

# Wien

..........................

• **Frauenhetz**
Feministische Bildung,
Beratung und Kultur
Hetzgasse 42/1
A-1030 Wien
Tel./Fax
0043-1-7159888
www.frauenhetz.at

• **Conqueer**
Restaurant, Bar
Große Neugasse 31
A-1040 Wien
Tel. 0043-664-2453245
So, Mi u. Do 18-24 h,
Fr u. Sa 18-2 h

• **Stichwort**
Archiv der Frauen-
und Lesbenbewegung
Diefenbachgasse 38/1
A-1150 Wien
Tel./Fax
0043-1-8129886
www.stichwort.or.at
Mo+Di 9-14 h,
Do 14-19 h

• **Rosa-Lila-Villa**
♀♀ ♂♂
lesbisch-schwules
Zentrum
Linke Wienzeile 102
A-1060 Wien
Tel. 0043-1-5868150
www.villa.at
Mo,Mi, Fr 17-20 h

• **Café Willendorf**
Bar, Café & Restaurant
♀♀ ♂♂
Linke Wienzeile 102
A-1060 Wien
Tel. 0043-1-5871789
www.villa.at
Tgl. 18-2 h
warme Küche 18-24 h

• **Gina´s Weibar**
Lesbenbar
Marchettigasse 11
A-1060 Wien
Tel. 0043-699-
15071507
Mo-Sa 18-1 h,
So 11-22 h

• **Marea Alta ♀♀ ♂♂**
Club, Disco
Gumpendorfer Str. 28
A-1060 Wien
Di-Sa 10-2 h

• **Frauencafé**
Lange Gasse 11
A-1080 Wien
Tel. 0043-1-4063754
Di-Sa 18.30-2 h

• **FZ – Bar**
Frauenzentrum-Bar
Währinger Str. 59/6
A-1090 Wien
Tel. 0043-1-4028754
Do 18-1 h,
Fr+Sa 19-2 h,
Samstags Disco

• **Berg – das Café**
♀♀ ♂♂
Tagescafé
Berggasse 8
A-1090 Wien
Tel 0043-1-3195720
Tgl. 10-1 h,
Küche 10-24 h

• **Brot & Rosen**
interkulturelles femi-
nistisches Café
Ratschkygasse 48/2-4
1120 Wien
Tel. 0043-1-9662824
oder 966 28 30

• **ceiberweiber**
Das Frauen-Online-
Magazin
Wiedner Hauptstrasse
108/4
A-1050 Wien
Tel. 0043-1-5126590
Fax 0043-1-5126589
www.ceiberweiber.at

**FRANKREICH (℩ 0033/...)**

1. Camping La Montagne
2. Maison Forstfeld
3. Maison Ferette
4. La Hulottière
5. La Virginie
6. Tiamara
7. Mondés
8. Pichourret
9. Maison les Pins
10. Causse & Lamas
11. Villa Bonheur

♀ **Rückzugsort für Frauen Camping, Hütte, Zimmer, Apartment in den südlichen Vogesen/Ostfrankreich, Ganzjährig geöffnet**

Gerhilt Haak,
Roswitha Nentwich
La Montagne
F-70310 Faucogney
Tel. 0033-384944792 od.
0049-716-4507313
gerhilt-haak@gerhilt-haak.de
www.lamontagne.gerhilt-haak.de
Buchungen auch unter:
www.gerhilt-haak.de
Anmeldung erforderlich

Deutsch, Franz., Engl.

**Nächster größerer Ort**
Belfort/Mulhouse,
Epinal/Nancy
**Flughafen** Mulhouse-Bâle
**Bahnhöfe**
Remiremont ca. 20 km,
Lure ca. 40 km
**Transfer/Abholen**
möglich

Auf dem allein geleg. Bergbauernhof in 750 m Höhe bieten wir auf weitem Gelände mit eig. Quellwasser und Badeteich, einen Naturcampingplatz. Die 6 Zeltpl. sind individuell, mit Feuerstelle, angelegt. Es gibt 2 Stellpl. für Campingfahrzeuge mit Strom sowie eine Hütte für 1-2 Frauen. Die 3 einfachen DZ können als Ap. von bis zu 6 Frauen gemietet werden. Die südwestl. Ausläufer der Vogesen sind eine reizvolle Landschaft und gut geeignet für lange Wanderungen, Reiten, Kanufahren, Skilanglauf oder Schneeschuhwandern. Die Thermalbäder in der Nähe haben alles, was das „Wellnessherz" begehrt. Wir bieten Seminare, Natur-Retreats und Wegbegleitung in Kombin. mit Auszeit und ein „Sommercamp für Frauen".

- **Unterkunft** 6 Zeltpl., 3 Stellpl. f. Campingbusse, Hütte, Gem.Du/WC, 3 DZ, Teeküche, 2 Etagendu., als Ap. mietbar
- **Verpflegung** möglich, regionale und mondiale Küche
- **Preise** Camping 5 €/Tag/Frau, Hütte 25 €/Tag, Ap. ab 20 €/Tag/Frau
- **Sonstiges** baubiol. renoviert, Kinder willkommen, Katzen vorh., Haustiere n. Abspr. erlaubt, Baden, Sauna in Planung
- **Freizeit** Wandern, Tischtennis, Badminton, Boule, Kanus, Fahrräder, Langlaufski u. Schneeschuhe leihbar, Reiten (nahebei)
- **Entfernungen** Einkaufen 12 km, Bahn 20 km

# Maison Forstfeld 2

♀ **Maison Forstfeld
Ferienwohnung nahe
Strasbourg
Ganzjährig geöffnet**

Stefanie Kleinsorge,
Martina Pantke
8, Rue des soldats
F-67480 Forstfeld
Tel. 0033-388-862385
oder 0033-388-537960
Mobil 0177-3529679
maisonforstfeld@wanadoo.fr
www.forstfeld.org

Deutsch, Engl.

Auf einem ehemaligen Bauernhof im traditionellen elsässischen Fachwerkstil vermieten wir eine Frauenferienwohnung. Die Ruhe und die Düfte des Gartens verführen zum Entspannen, zum Sein und Seele-baumeln-lassen. Zwischen Schwarzwald und Vogesen laden Wälder und historische Städte zu Ausflügen ein. Die Europahauptstadt Strasbourg kontrastiert mit Kulturangeboten und buntem Leben. Zwischen den Kulturen, im Grenzgebiet, laden wir Frauen ein, sie selbst zu sein, sich, ihre Freundin und das Leben zu genießen. Eine zweite Ferienwohnung in einem weiteren Gebäude wird z. Zt. eingerichtet.

- **Unterkunft** Apartment 120 qm, 2 Schlafzimmer, Küche, Bad, großzügige Raumgestaltung, Fernseher, Videorecorder, Telefon, weitläufiger Garten, Hängematte
- **Verpflegung** Selbstverpflegung
- **Preis** 30 €/Ü/Frau, 48 €/Ü/2 Frauen, 68 €/Ü/3 oder mehr Frauen
- **Freizeit** kostenloser Fahrradverleih, Tischtennis, Spiele
- **Entfernungen** Einkaufen/Baden 4 km

**Nächster größerer Ort**
Haguenau 16 km
**Flughafen**
Strasbourg
**Bahnhof**
Baden-Baden 17 km
**Transfer/Abholen**
Nach Absprache

**119**

# 3 Maison Ferrette

**♀ Apartment im Elsass
Ganzjährig geöffnet**

Maya Stebler
Rafaela Schmakowski
23 Rue de Ferrette
F-68480 Sondersdorf
Tel. 0041-61-6911625/26 u.
0033-389-404317
Mobil 0041-78-6090203 u.
0049-170-4853448
maya.stebler@bluewin.ch
post@rafaela-schmakowski.de
www.so-stebler.ch
www.rafaela-schmakowski.de
Deutsch, Franz., Engl.

**Nächster größerer Ort**
Basel 25 km, Colmar 80
km, Freiburg i/Br. 80km
**Flughafen**
Basel-Freiburg 25 km
**Bahnhof**
Basel-Rodersdorf 10 km
**Transfer/Abholen**
ab Basel-Rodersdorf 7 €

Das Dorf Sondersdorf liegt im behaglichen
Elsass, südlich zwischen Vogesen und Schwarz-
wald, am Rande der Ausläufer des Schweizer
Juras, nahe dem mittelalterlichen Ministädt-
chen Ferrette und 25 km südwestlich von
Basel. Das 100-jährige Haus mit den blauen
Fensterläden liegt am Dorfeingang. Es hat 2
lichtvolle, große Räume, eine gemütliche Küche mit Chemineofen, hinter dem Haus eine
gr. Remise, Naturgarten mit gr. Schwimmteich,
Sommerhäuschen mit Blick in die Landschaft.
Erobern Sie sich die Region des Sundgaus zu
Fuß, per Fahrrad oder motorisiert. Unterwegs
kehren Sie in kleinen elsässischen Gastwirt-
schaften ein.

- **Unterkunft** 1 DZ, 1 EZ, Bad/Du/WC, 1 Remise,
  1 Sommerh., Mitben. der Küche
- **Ausstattung** Internetzugang, Schwimmteich
- **Verpflegung** Frühstück 7,50 €/Person, selbst
  bereitet m. biol., saison. Lebensmitteln
- **Preise** EZ 45 €/Nacht, DZ 65 €/Nacht, inkl.
  Wäsche, Reinigung
- **Sonstiges** behindertenger. auf Anfr., auf
  Wunsch Fahrräder, Parkpl. vorh.
- **Freizeit** Töpfern, Qigong, Seminare siehe
  www.so-stebler.ch oder
  www.rafaela-schmakowski.de
- **Entfernungen** Einkaufen Ferrette 3 km,
  Sehensw. 3-80 km, Schwimmbad 3 km,
  Badesee 10 km

# La Hulottière 4

**♀ Ferienhäuser
in der Bretagne
Ganzjährig geöffnet**

Aline le Floch, Jeanine
Le Longeau du Bas
F-56240 Plouay
Tel. 0033-297-331560
(ab 20 Uhr)
www.perso.wanadoo.fr/
lahulottiere
Anmeldung erforderlich

Franz., Deutsch

Die drei renovierten bretonischen Häuser liegen zusammen, sind aber räumlich getrennte Wohneinheiten. Die Ferienwohnungen sind sehr ruhig gelegen auf einem 27 ha großen Grundstück, mit Bäumen und Obstgarten, am Rand des Waldes von Pont-Calleck. Auf dem Fluss, in der Nähe der Unterkunft, kann frau Kanu und Kajak fahren, ein Reithof und ein Tennisplatz befinden sich in der näheren Umgebung. Das Meer ist 20 km entfernt; hier kann frau surfen, segeln und Golf spielen. In der Unterkunft gibt es eine Tischtennisplatte. Wir verleihen auch Fernseher.

- **Unterkunft** 3 Häuser, pro Haus 1 DZ mit Du/WC, Küche und Wohnzimmer, Aufenthaltsraum, Liegewiese, Terrasse
- **Verpflegung** Selbstversorgung
- **Preise** HS 460 €/Woche/Zimmer, NS 330 €/Woche/Zimmer, Nebenkosten
- **Sonstiges** rollstuhlgerecht, kinderfreundlich, Jungen bis 10 Jahre, Haustiere erlaubt
- **Spezial** letzte Juniwoche und 3 Juliwochen = 1 Woche Unterkunft frei für Gießen des Gartens
- **Freizeit** Tischtennis
- **Entfernungen** Einkaufen/Ort 5 km

**Flughafen**
Ploemeur 27 km
**Bahnhof**
Lorient 25 km
**Nächster größerer Ort**
Plouay 5 km, Lorient 25 km

♀ ♂ **Bed & Breakfast**
**Ostern - Oktober**

Micheline Benoist
Rue du Ventoux, 6
F-17670 La Couarde
Île de Ré
Tel. 0033-546298128
lavirginie2@wanadoo.fr
www.lavirginie.free.fr

Franz., Engl., (Deutsch)

**Nächster größerer Ort**
La Rochelle 20 km

La Virginie ist ein großes, inseltypisches Haus in La Couarde mit einem grünen, blumigen Innenhof, der mit Sonnenschirmen, Liegestühlen und Tischen zum Frühstück oder Picknick einlädt. Getränke werden auch im Hof serviert. Die Zimmer sind sehr komfortabel. Das Haus verfügt über einen Fernsehraum mit Kamin und einen Speiseraum. Geraucht werden darf nur in den Zimmern. Die Insel lässt sich bestens mit Fahrrädern erkunden, die im Ort zu mieten sind. Lange Sandstrände animieren zum Baden und Wandern. Ein Inselbus bringt Euch von Dorf zu Dorf. Exkursionen führen zu den Nachbarinseln und nach La Rochelle, einer sehr schönen mittelalterlichen Stadt, in deren zahlreichen Kirchen an manchen Abenden Konzerte stattfinden.

- **Unterkunft** 3 MZ, 4 DZ, 2 EZ, 4 Gemeinschaftsbäder/WC, ca. 20 Pers., Aufenthaltsraum, Garten und Patio
- **Verpflegung** Frühstück inbegriffen, ansonsten Selbstversorgung
- **Preise** DZ 60 €, EZ 45 €
- **Sonstiges** Haustiere zugelassen, teilweise rauchfrei
- **Freizeit** Reitpferd vorhanden, Fahrradverleih
- **Entfernungen** Einkaufen 200 m, Bus 300 m, Bademöglichkeit 700 m

# Tiamara 6

♀ **Frauen-Privatzimmer
in Südwestfrankreich
Juli - August**

CataliXX Cuna
Le Plantieux
F-33930 Vendays-Montalivet
Tel./Fax 0033-556-417883
Information/Buchung:
CataliXX Cuna
Adelheidstr. 26
D-65185 Wiesbaden
Tel. 0611-3603756

Deutsch, Franz., Engl.

Tiamara liegt 80 km nördlich von Bordeaux inmitten von Pinienwäldern, nur 10 Automin. vom Strand entfernt. Die Côte d'Argent ist bestimmt durch Brandung, Gezeiten, Dünen und weißen Sand. Ausgebaute Wege im Schatten laden zum Radfahren ein. Wir bieten Euch reichlich Platz und Komfort, die Blumenwiese zum Faulenzen oder zum Spielen. Für kühle Abende bietet sich die hauseigene Sauna an. Vegetarische Feinschmeckerinnenküche wird aus region. Zutaten auf Wunsch zubereitet. Für Selbstvers. steht ein voll eingerichtetes, einfaches Kochhaus zur Verfügung. Tagesausflüge nach Bordeaux, zum Binnensee Lac d'Hourtin, der Bucht von Arcachon oder den frühgeschichtlichen Stätten des Perigord bieten sich an.

- **Unterkunft** rel. allein, 1 EZ, 6 DZ, Gem.bäder/WCs, Aufenthaltsraum, Kochhaus, Liegewiese, Terrasse, Sauna
- **Verpflegung** Selbstversorgung, Verpfl. möglich, auf Wunsch veg.
- **Preise** 25 €/Frau
- **Sonstiges** rauchfrei, Jg. bis 11 J., allergikerinnengeeignet, behindertenger., Hund, Katzen vorh., Tiere unerwünscht, Raucherecken vorh.
- **Freizeit** Surfen, Reiten, Tennis, Bogenschießen, Fahrräder leihbar
- **Entfernungen** Einkaufen 5 km, Sandstrand 10 km, Badesee 15 km

**Nächster größerer Ort**
Lesparre
**Flughafen**
Bordeaux 80 km
**Bahnhof**
Lesparre 15 km
**Transfer/Abholen**
vom Bahnhof inbegriffen

♀ **Frauenferienhaus, Bungalow, Chalet, Camping in Südwestfrankreich Ostern - Oktober**

Mondès
Monika und Dorothee
F-32330 Courrensan
Tel. 0033-562-065905
Mondesfrauenland@aol.com
www.Mondesfrauenlandhaus.com

Deutsch, Engl., Franz.

FRANKREICH

**Nächster größerer Ort**
Auch 40 km, Eauze 12 km
**Flughafen**
Toulouse 120 km
**Bahnhof**
Agen 60 km
**Transfer/Abholen**
Busverbindung,
Abholservice von der
Bushaltestelle

Das Frauenferienhaus Mondès ist seit 17 Jahren in der Gascogne, inmitten eines liebevoll gestalteten Geländes mit Wiesen, Schafweiden, alten Eichen und Biogarten. Die komfortablen Zimmer strahlen Behaglichkeit aus, im gemütlichen Salon gibt es eine Bücherecke, rund ums Haus Sonnenterrassen und Liegewiesen. Der See mit Sandstrand lädt ein zu Badespaß und Plaudern. Der Campingplatz grenzt an den See, dort stehen auch die Chalets. Am Abend servieren wir ein köstliches 3-Gänge-Menü; für die Selbstvers. gibt es eine Sommerküche. Ihr könnt auf dem Jakobsweg wandern, mit dem Rad mittelalterliche Bastiden und Weingüter entdecken und über südländische Märkte bummeln.

- **Unterkunft** 1 DZ mit Du/WC, 3 DZ mit Gem.bad, auf Anfrage als EZ, 1 Bungalow, 2 Chalets, 30 Zeltpl., 5 Wohnwagenpl
- **Verpflegung** Selbstvers. mögl., Zi. inkl. Frühstück, sonst 6 €, Abendmenü 15 € (auf Anfr. allergiegerecht)
- **Preise** DZ 29-35 €/ÜF, EZ 41-47 €/ÜF, Bung. 400 €/Woche/2 Frauen, Chalet 250 €/Woche/2 Frauen, Camping 9 €/Frau
- **Sonstiges** Kinder willkom., Haustiere erlaubt
- **Freizeit** Wandern, Radeln, Reiten, Paddeln, Fahrräder, Auto mietbar
- **Entfernungen** Einkaufen 1,5 km, Bus 6 km

# ... IN DER GASCOGNE UND IN FRANKREICH

→ In der Gascogne, Südwestfrankreich, liegt das Frauenferienhaus Mondès, mit dem wir schon lange zusammenarbeiten. Mit einer sachkundigen Reiseleiterin unternehmt Ihr von hier aus vielfältige Touren, die Euch gemeinsam mit anderen Frauen in eine bezaubernde Natur und eine abwechslungsreiche Kultur eintauchen lassen.

Wandernd gelangt Ihr von Mondès aus auf alten Pilgerrouten durch mittelalterliche Städtchen, Wälder und Weinberge, zu berühmten Bastiden und Chateaus. Und mit dem Rad könnt Ihr zu kleineren Tagestouren durch diese leicht hügelige Landschaft bis hin zu einer mehrtägigen Radtour bis zum Atlantik aufbrechen – wohlorganisiert mit Gepäcktransport und köstlicher Verpflegung.

**Andere Frauen-Unterwegs-Reisen lassen Euch noch weitere Ecken Frankreichs entdecken:** eine Städtereise nach Paris bringt Euch die Frauengeschichte und Frauenkultur dieses Landes anhand der Biografien von Künstlerinnen und Literatinnen näher, ein Kreativurlaub im Haus einer zeitgenössischen Künstlerin regt im weichen Licht und in der herben Landschaft der Camargue zu eigenen Impressionen und Expressionen an und ein Segeltörn – natürlich unter weiblicher Anleitung – entlang der Cote d'Azur lädt segelbegeisterte Frauen zu mediterranem Urlaubsgenuss zwischen Nizza, St. Tropez und einsamen Badebuchten ein.

**Aktuelle Termine und Preise könnt Ihr anfragen bei:**
Frauen Unterwegs –
Frauen Reisen
Potsdamer Str. 139
D-10783 Berlin
Tel. 030-215 10 22
reisen@frauenunterwegs.de
www.frauenunterwegs.de

# 8 Pichourret

♀ ♂ **Reithof und Ap. in Südwestfrankreich**
**April – November**

Ulrike Blum
F-40310 Parleboscq
Tel./Fax 0033-558-449353
pichourret@wanadoo.fr
www.pichourret.com

**Nächster größerer Ort**
Eauze 15 km
**Flughafen** Toulouse,
Bordeaux 120 km
**Bahnhof**
Mont de Marsan 35 km

„Pichourret" – ein Ort der Ruhe und Erholung – angereichert mit lebendigen Erfahrungen in der Begegnung und im Umgang mit Pferden. Die Umgebung: Hügel, Wiesen, Weinberge, kleine Wälder, Seen, Wochenmärkte, Cafés und idyllische Ortschaften. Swimmingpool mit Blick auf den Pferdeauslauf und großzügige, hell und freundlich eingerichtete Apartments.

- **Unterkunft** 2 Ap. (80 qm und 30 qm) für 1-5 Pers., jew. mit Küchen, Du/WC, Terrasse
- **Verpflegung** Selbstversorgung
- **Preise** gr. Ap. 320 €/Woche/2 Pers., jede zusätzl. Pers. 15 €/Tag; kl. Ap. 280 €/Woche, für Alleinreisende 210 €/Woche
- **Sonstiges** Haus u. Pferdebereich sind rauchfrei, Haustiere vorhanden und gestattet
- **Freizeit** Fahrradverleih 10 €/Tag, Reiten
- **Entfernung** Einkaufen 5 km, Restaurant und Bäcker 10 Min. zu Fuß, Pool u. See am Haus

# 9 Maison Les Pins

♀ ♂ **Ap. in Südfrankreich**
**Ganzjährig geöffnet**

Christine Martinez
6 place Notre Dame
F-34300 Grau d'Agde
Tel. 0033-46-7316368
Ulrike Stratmann
Tel. 0721-32318
info@agde-vacances.fr
www.agde-vacances.fr
Franz., Span., Deutsch, Engl.
**Nächster größerer Ort**
Montpellier 50 km
**Bahnhof** Agde 3 km

Das Haus steht an einem typisch südfrz. kl. Platz, früher einer Klosteranlage zugehörig (Kirche, Kapelle und Statuen aus jener Zeit). Der nahe Canal de Midi lädt zu Rad- und Bootstouren ein, das Hinterland (1/2 Std. Autofahrt) lockt mit vielen Wandermögl., hübschen kl. Dörfern, die Abwechslung zur Entspannung am langen Sandstrand bieten.

- **Unterkunft** Ap. ca. 50 qm, Wohn-Essber. m. Kochecke, Du/WC, TV
- **Verpflegung** Selbstverpflegung
- **Preis** 250-400 €/Woche/max. 4 Pers.
- **Freizeit** 4 Räder, Spielsachen
- **Sonstiges** Kinder willk., Tiere erlaubt, Rauchen draußen, Parkpl. vorh.
- **Entfernungen** Einkaufen/Baden 1 km, Haltestelle 300 m

# Causse & Lamas 10

Causse & Lamas ist ein Ort inmitten einer wilden, beeindruckenden Heidelandschaft. Hier ziehen wir auf 75 Hektar Land Lamas und Esel auf. Das Haus öffnet sich zu der Causse, und Licht durchflutet die ebenerdigen Zimmer. Es ist ein Ort der Stille und ideal zum Erholen, Wandern, Paddeln und Rad fahren. Die Cevennen liegen 3 km, der Mont Aigoual (1.542 m) 45 km, der berühmte „Cirque de Navacelles" 8 km entfernt. Baden ist 10 km entfernt möglich.

- **Unterkunft** 2 Häuser für jew.5 Frauen, 2 DZ mit Du/WC, Salon, Einbauküche, Terrasse
- **Preise** 300-420 € je nach Saison, mongolische Jurte 15 €/Frau, Camping 8 €/Frau
- **Sonstiges** rauchfrei, keine Haustiere
- **Freizeit** Höhenwanderweg GR 7 vor der Haustür, Klettern 15 km, Kajaken 16 km, Fahrradverleih 10 km
- **Entfernung** Einkaufen 2 km, Fluss 10 km, Meer 70 km

♀ ♂ **Ferienhaus, Campingplatz in Südfrankreich April-Oktober**

Christine Hynek & Sandy Dupré
Route de Navas
F-30120 Montdardier
Tel/Fax 0033-467815277
Mobil 0033-613157209
ane-lama@wanadoo.fr
www.causseetlama.ifrance.com

Franz., Deutsch, Spanisch

**Nächster größerer Ort**
Le Vigan 11 km, Ganges 16 km
**Flughafen/Bahnhof**
Montpellier, Nîmes, Millau je 75 km

127

# 11 Villa Bonheur

♀ **Gästinnenhaus in der Provence**
**Ganzjährig geöffnet**

Doris Cagnina
Anita Sieg
Quartier St. Michel
F-04500 Quinson
Tel. 0033-492-740285
villa-bonheur@tele2.fr
www.villabonheur.com

Deutsch, Engl., Franz., Ital.

FRANKREICH

**Nächster größerer Ort**
Aix en Provence 70 km
**Flughafen**
Marseille 130 km
**Bahnhof**
Manosque 40 km,
Aix en Provence
**Transfer/Abholen**
auf Anfrage

Südprovenzalischen Zauber nach Herzenslust genießen. Unter südlicher Sonne bezaubert die felsige Landschaft der Alpes de Haute Provence zu jeder Jahreszeit mit Hochebenen, Schluchten, Stauseen, Lavendelfeldern, Weinbergen und Olivenhainen, mit malerischen Orten und reizvollen Märkten. Das Angebot an sportlichen und kulturellen Aktivitäten ist vielfältig. Die Villa Bonheur liegt in ruhiger, idyllischer Lage am Ortsrand eines typisch provenzalischen Dorfes an der Verdon-Schlucht. Sie ist komfortabel eingerichtet und lädt mit bequemen Mußeplätzen in Haus und Garten zum Ausruhen und Entspannen ein.

- **Unterkunft** 1 Ap. ca. 33 qm/max. 4 Frauen, 3 DZ mit Du/WC, voll einger. Gem.küche m. Spülm., Aufenthaltsraum m. Spielen, SAT-TV, Video, Internet, Bibliothek, Südterrasse, Tischtennis, Tennisunterricht, Pool, Sauna
- **Verpflegung** Selbstversorgung
- **Preise** DZ 42,50-54,50 €/Ü, als EZ 38-40,50 €/Ü, Ap. 56,50-64 €/Ü
- **Sonstiges** rauchfreie Schlafzi. u. Küche, keine Kinder, Tiere auf Anfr., Hündin vor Ort
- **Freizeit** Wandern, Reiten, Wassersport, Klettern, Radfahren, Prähist. Museum, div. Veranst.
- **Entfernung** Einkaufen 300 m, Stauseen 7-15 km, Bus 20 km

# Lyon

• **United Café** ♀♀ ♂♂
Impasse de la Picherie
F-69001 Lyon
Tel. 0033-4-78299318
www.united-cafe.nuxit.net
Tgl. 22.30-5 h

• **Le Marais**
Bar, Disco ♀♀ ♂♂
14, Rue Thomassin
F-69002 Lyon
Tel. 0033-4-78928089
www.lemaraislyon.com
Do 21-? h,
Fr-Sa 23-? h

• Le Bar du Centre
♀♀ ♂♂
3, Rue Simon Maupin
F-69002 Lyon
Tel. 0033-4-78374018
Mo-Sa 8-3 h

• **One Night**
Disco ♀♀ ♂♂
38, Rue de l'Arbre
F-69001 Lyon
Tel. 0033-4-78281101
Mi-Sa 23-5 h

• **Le Medly** ♀♀ ♂♂
Bar, Disco (modisch,
trendy)
19, Rue Childebert
F-69002 Lyon
Tel. 0033-4-78382396
Mi, Do 22-5 h
Fr-So 22-7 h

# Marseille

• **Les Danaides**
Café ♀♀ ♂♂
4-6, Square Stalingrad
F-13001 Marseille
Tel. 0033-4-91622851
www.cityvox.com
Mo-Sa 7-21 h

• **Drole de Dames**
♀♀ ♂♂
Bar im 70er Jahre Stil
40 Rue Ferrari
F-13005-Marseille
(Bouches-du-Rhône)
Tel. 0033-6-85485425
www.lesdroles2dames.com
Di-Do 19-24 h
Fr-So 19-2 h

• **Le Cigalon** ♀♀ ♂♂
Restaurant
9, Bd. Louis Pasteur
F-13011 Marseille
Tél. 0033-4-91430363
www.cigalon-latreil-
le.com

• **Casa No Name**
♀♀ ♂♂
7, Rue André Poggioli
F-13006 Marseille
(Bouches-du-Rhône)
Tel. 0033-4-91477582
www.casanoname.com
Di-Sa ab 19h

# Narbonne

• **Sapho**
Disco ♀♀ ♂♂
39, Av. de Narbonne
F-11100 Narbonne
Tel. 0033-4-68420421
Do-So 23 h-?

# Nizza

• **Le Sapho**
Bar, Café ♀♀ (♂♂)
2, Rue Colonna d'Istra
F-6000 Nizza
Tel. 0033-4-93625842
www.cityvox.com
Mi-Sa 22-2.30 h
Mi auch für Schwule
geöffnet

# Paris

• **Les Scandaleuses**
Bar ♀♀ ♂♂
8, Rue de Ecouffes
F-75004 Paris
Tel. 0033-1-48873926
Tgl. 17.30-2 h

• **Unity Bar** ♀♀
176/178, Rue St.
Martin
F-75003 Paris
Tel. 0033-1-42727059
www.unity.bar.free.fr

**(Paris)**

• **L'Utopia**
Bar ♀♀
15, Rue Michel
Lecomte
F-75003 Paris
Tel. 0033-1-42716343
Mo-Sa 17-2 h
gelegentlich Themen-
und Discoabend

• **Le Boosbourg**
Bar, Restaurant ♀♀
26, Rue de
Montmorency
F-75003 Paris
Tel. 0033-1-42740482
Di-So 16-2 h

• **Le Pulp**
Disco ♀♀
24, Bd. Poissonnière
F-75002 Paris
Tel. 0033-1-40260193
www.pulp-paris.com

• **Le Rive Gauche**
Disco ♀♀
1, Rue du Sabot
F-75006 Paris
Tel. 0033-1-40204323
www.lerivegauche.com

• **Au Coeur Couronné**
Café (♀♀ ♂♂)
6, Rue de la Ferronnerie
F-75001 Paris
Tel. 0033-1-45081115
Mo-Do 7-24 h,
Fr, Sa 7-2 h

• **Banana**
Café (♀♀ ♂♂)
13-15, Rue de la
Ferronnerie
F-75001 Paris
Tel. 0033-1-42333531
www.bananacafeparis.com

• **Lézard**
Café (♀♀ ♂♂)
32, Rue Etienne
Marcel
F-75002 Paris
Tel. 0033-1-42332273
Mo-So 9-2 h
Live-Musik

• **Les Marronniers**
Café, Bar (♀♀ ♂♂)
18, Rue des Archives
F-75004 Paris
Tel. 0033-1-40278772
Mo-So 9-2 h
So 12-16 h Brunch

• **Les Piétons**
Restaurant, Bar
(♀♀ ♂♂)
8, Rue des Lombards
F-75004 Paris
Tel. 0033-1-48878287
www.lespietons.com
Mo-So 12-2 h
Spanisches Restaurant
& Bar

• **Villa Keops**
(♀♀ ♂♂)
Restaurant, Disco
58, Bd. Sébastopol
F-75003 Paris
Tel. 0033-1-40279992
Mo-Do 12-2.30 h,
Fr 12-5 h, Sa 16-5 h,
So 16-2.30 h
Live Musik

• **Les Etages**
Café (♀♀ ♂♂)
35, Rue Vielle du
Temple
F-75004 Paris
Tel. 0033-1-42787200
Mo-So 15.30-2 h

• **Bazooka**
Café (♀♀ ♂♂)
9 Rue Nicolas Flamel
F-75004 Paris
Tel. 0033-1-42744582
Mo-So 12-7 h
Live Musik

• **Le Sofa**
Restaurant (♀♀ ♂♂)
21, Rue Saint-Sabin
F-75011 Paris
Tel. 0033-1-43140746
http://sofa.bastille.free.fr
Di-So 18-24 h

• **Le Champmeslé**
Bar, Disco ♀♀ (♂♂)
4, Rue Chabanais
F-75002 Paris
Tel. 0033-1-42968520
Mo-Do 14-2 h,
Fr+Sa 14 h-?

• **Bliss KFE** (♀♀)
30, Rue du Soi du
Sicile
F-75004 Paris
Tel. 0033-1-42784936

• **Le Dépot**
Disco (♀♀ ♂♂)
10, Rue aux Ours
F-75003 Paris
Tel. 0033-1-44549696
www.ledepot.com
Mo-So 14-8 h

## Rouen

• **Le Buro**
Bar, Disco (♀♀ ♂♂)
81, Rue Ecuyère
F-76000 Rouen
Tel. 0033-2-35706259
Fr+Sa 22-4 h,
Di+So 22-2 h

• **Le XXL**
Bar (♀♀ ♂♂)
25-27, Rue de la
Savonnerie
F-76000 Rouen
Tel. 0033-2-35888400

• **L' Insolite**
Bar, Disco (♀♀ ♂♂)
58, Rue d' Amiens
F-76000 Rouen
Tel 0033-2-35886253
Di-Sa 18.30-2 h,
So 19-2 h

• **L' Intemporel**
Bar, Disco (♀♀ ♂♂)
35, Bd. De la Marne
F-76000 Rouen
Tel. 0033-2-35149615
Mo 19-2 h, Di+Sa 17-2 h

• **Le Smart**
Bar, Disco (♀♀ ♂♂)
66, Route de
Bonsecours
F-76000 Rouen
Tel 0033-2-35711218
Mo-So 23-5 h

• **Le Chakra**
Bar, Disco (♀♀ ♂♂)
4 bis, Bd. Ferdinand
de Lesseps
F-76000 Rouen
Tel. 0033-2-32101202
Fr, Sa + So 23-4 h

● **La Rouge Mare**
Restaurant (♀ ♂)
3, Place de la Rouge
Mare
F-76000 Rouen
Tel. 0033-2-35888550
Di-Fr 12-14.30 h
Di-Sa ab 19 h

## Toulouse

• **Folles Saison**
Café (♀♀ ♂♂)
197, Route de Saint-
Simon
F-31100 Toulouse
Tel. 0033-5-62146485
www.follessaison.org
Di+So 22-2 h,
Fr+Sa 22-4 h

**ITALIEN** (② 0039 / ...), **MALTA / GOZO** (② 00356 / ...)

ITALIEN

GOZO

1 Bed & Breakfast Florenz
2 Ferienzimmer Florenz
3 Casa Strega
4 Casa Le Vigne
5 Mulino Rotone
6 Podere Gavine
7 Casa Nova
8 Casa Ada
9 Case Contadine
10 Campo alle Fonti

11 Terradilei
12 Casa Barbarina
13 Casa Scala
14 Rom am Meer
15 Koliseum in Rom
16 Orsa maggiore, Rom
17 Casa Colcello
18 Palazzo Leuzzi
19 Four Winds auf Gozo (Malta)

# 1 Bed & Breakfast Florenz

♀ **Frauenpension
in Florenz
Ganzjährig geöffnet**

Paola Fazzini
Borgo Pinti 31
I-50121 Firenze
Tel. 0039-055-2480056
beb@mail.cosmos.it
www.bandbforwomenonly.eu

Ital., Engl.

Das Bed & Breakfast befindet sich in der obersten Etage (kein Fahrstuhl - 68 Stufen) eines historischen Palastes im Zentrum von Florenz, nur Minuten entfernt von der Ponte Vecchio, den Uffizien, dem Dom und der Akademie. Die warm und elegant eingerichteten Zimmer mit den besonders komfortablen Holzbetten gehen auf einen ruhigen Garten hinaus. Das Frühstück könnt Ihr Euch aus einem reichhaltigen Angebot selbst zusammenstellen. Zentral gelegen, ist die Pension ein idealer Ausgangspunkt für die Erkundung der vielen Sehenswürdigkeiten von Florenz. Siena, Pisa, Lucca und die Küste sind mit Bus oder Bahn von Florenz aus erreichbar.

- **Unterkunft** 1 EZ, 3 DZ, 2 Gemeinschaftsbäder/WCs, 2 Zi. mit Waschgelegenheit
- **Verpflegung** Frühstück, Kaffee und Tee während des Tages
- **Preise** EZ 35-45 €/ÜF/Frau, DZ 60-75 €/ÜF/Zimmer
- **Sonstiges** rauchfreie Pension, Jungen bis 10 Jahre

# Ferienzimmer Florenz 2

In meiner 5-Zimmer-Wohnung im 6. Stock im Stadtteil San Jacopino vermiete ich zwei helle Zimmer mit Balkon. Einkaufsmöglichkeiten finden sich in dem lebendigen Wohnviertel direkt vor der Haustür. Von hier aus lassen sich alle Sehenswürdigkeiten in der Stadt und Umgebung bequem erreichen (Stadtzentrum 20 Min. Fußweg oder Bus), ohne den Touristenströmen ausgesetzt zu sein.

- **Unterkunft** 1 DZ, Balkon, 1 EZ mit Veranda u. Klimaanlage, separates Gäste-WC, Fahrstuhl
- **Verpflegung** Küchennutzung
- **Preise** EZ 35 €/Frau, DZ 60 €/Zimmer
- **Entfernungen** Meer ca. 1 Std. Bahn/Auto, Bhf. Florenz 10 Min. Fußweg

♀ **Privatzimmer**
**in Florenz**
**Ganzjährig geöffnet**

Isa Raffaelli
Via Maragliano 14
I-50144 Firenze
Tel. 0039-055-354825
Mobil 0039-347-4498063

Ital., Franz.

# Casa Strega 3

Für Naturfreundinnen biete ich ein antikes, typisch toskanisches Naturstein-Landhaus in einsamer Hanglage an. Von dem großen Naturgrundstück aus habt Ihr einen wunderschönen Panoramablick auf das Arnotal und Olivenhaine. Das Haus ist komplett renoviert, hat ein Schlafzimmer mit Hochbett (2 Frauen), einen Doppelwohnraum (mit Schlafcouch, 2 Frauen), eine voll eingerichtete Küche, Zentralheizung und Holzöfen.

- **Unterkunft** Ferienhaus 80 qm, 2 Zi., Du/WC, Küche, Liegewiese, Gartenmöbel
- **Verpflegung** Selbstversorgung
- **Preise** 450 €/Ü/Woche inkl. Endreinigung, Heizkosten extra
- **Sonstiges** kinderfreundlich, keine Haustiere
- **Entfernungen** Einkaufen Bus n. Florenz 1 km, Schwimmbad 6 km, Reiterhof 2 km

♀ **Ferienhaus**
**nahe Florenz**
**Ganzjährig geöffnet**

Isa Raffaelli
siehe oben

**Bahnhof** Figline Val d'Arno, 6 km
**Transfer/Abholen** Gratis vom Bahnhof oder Reggello (1 km, Bus)

# 4 Casa Le Vigne

♀♂ **Ferienhaus und Apartement bei Florenz Ganzjährig geöffnet**

Renate Lechler
Via di Parga 14
I-50060 Molino del
Piano/Firenze
Tel./Fax 0039-055-
8361351

Deutsch, Ital., Engl., Franz.

**Flughafen**
Florenz 20 km
**Bahnhof**
Florenz 17 km
**Transfer/Abholen**
nach Absprache, geringer
Unkostenbeitrag

Le Vigne ist ein idyllisches Landhaus in sonniger Südhanglage in den Hügeln von Florenz. Hier vermiete ich einen Ap. und ein sep. Ferienhaus. Die Häuser wurden nach baubiol. und geomantischen Richtlinien umgebaut, liebevoll restauriert und stilvoll eingerichtet. Eine freundliche Atmosphäre und persönlicher Kontakt bieten Ihnen echte Erholung. Lassen Sie sich verwöhnen von einem Stück toskanischer Lebenskunst mit 15.000 qm Ruhe, größeren Kristallen, die diesen Ort in einen wunderbaren Energieplatz verwandeln und 200 Olivenbäumen. „Le Vigne" produziert in tradition. Handarbeit Olivenöl, Pesto, Marmeladen und Liköre.

- **Unterkunft** Casa 70 qm, 3 Zi./Du/WC/max. 4 Pers., Küche, Kamin, Waschm., Grill, Terrasse, Garten; Ap. 36 qm, 1 Wohn-/Schlafzi./2 Pers./1 Kind bis 6 J., Du/WC, Küche, 2 Terrassen
- **Verpflegung** Selbstversorgung
- **Preise** Casa 510-660 €/Woche, Ap. 350 €/Woche, zzgl. Nebenkosten
- **Freizeit** 2 Räder vorh., Bibliothek, Massage, Energiearbeit, Schwimmbecken, Nutzung gg. Aufpreis 5 €/Tag/Pers.
- **Sonstiges** kinderfreundlich, rauchfrei, Hunde vorh., Hunde (nur) im Ferienh. n. Abspr.
- **Entfernungen** Einkaufen 5 km, Meer 1,5 -2 Std. (Auto)

# Mulino Rotone 5

**♀♂ Ferienhaus
in der Toskana
Ganzjährig geöffnet**

Karin Gilliam
Mulino Rotone
I-57022 Castagneto-Carducci
Tel./Fax 0039-0565-763328
karin.gilliam@tiscali.it
www.mulino-rotone.com

Deutsch, Engl., Ital.

Mulino Rotone ist ein antikes Natursteinge-
bäude aus dem 16. Jahrhundert und die älteste
Öl- und Getreidemühle der Region um Castag-
neto. Das weiträumige Haus ist liebevoll restauriert worden und die Gästewohnungen
sind individuell eingerichtet. Es befindet sich
im Landschaftsschutzgebiet von Castagneto-
Carducci in der Alta Maremma und liegt ruhig
in einem großen Gartengrundstück mit vielen
Blumen, Zypressen, Palmen, Oleander-, Hibis-
kus- und Lorbeerhecken, Pool vorhanden. Eine
kleine Obstplantage, ein Olivenhain und kilo-
meterlange Korkeichenwälder grenzen an das
Grundstück an.

- **Unterkunft** Alleinlage, 4 unterschiedlich
  große Ap. mit Bad/Du/WC/Küche für 2-10
  Pers., Garten, Terrassen mit Gartenmöbeln,
  großer Saal für Seminare, Grillmöglichkeit
- **Verpflegung** Selbstversorgung
- **Preise** Miniap. 390 €/Woche,
  andere Ap. 540-1260 €/Woche, VS ab 320 €
- **Sonstiges** kinderfreundlich, Haustiere nach
  Absprache, Bettwäsche u. Handtücher bitte
  mitbringen
- **Freizeit** es werden öfters Kochkurse
  „Toskanische Küche" angeboten
- **Entfernungen** Einkaufen 1-5 km,
  Strand 6 km

**Nächster größerer Ort**
Cecina 25 km
**Flughafen**
Pisa 70 km
**Bahnhof**
Castagneto-Donoratico 5 km

# 6 Podere Gavine

♀ **Apartments
bei Siena
Ganzjährig geöffnet**

Anna Lohmann,
Margaret Diehl
I-53016 Casciano di Murlo (Si)
Tel. /Fax 0039-0577-81 75 21
annalohmann@tiscali.it
www.frauen-in-toskana.de

Buchungen auch über Berlin:
Tel. 030-28 39 02 91
Fax 030-28 39 02 92

Deutsch, Ital., Engl.,
Franz., Span.
Anmeldung erforderlich

**Flughafen**
Pisa 2,5 Std. Auto / Zug
**Bahnhof**
Siena 20 Km

Podere Gavine ist eine Ansammlung mehrerer Bauernhäuser. Sie liegen auf einem Hügel inmitten der wunderschönen Kulturlandschaft der Colli Senesi im Herzen der Toskana. Garten, Wiesen, Obstbäume, aromatische Kräuter, Reben, Oliven und Wald umsäumen die versch. Häuser. Eingebunden in das Netz länderübergr. Frauenbeziehungen ist ein ruhiger Ort der Begegnung und Erholung in unberührter Natur, städt. und ländl. Kultur entstanden. Wir haben bereits viele lauschige Ecken für Euch geschaffen. Ein Fluss zum Baden und eine Schwefeltherme sind 10 km, ein Naturpark und das Meer 65 km entfernt. Der Tarotgarten der Niki de Saint Phalle (65 km) ist gut erreichbar.

- **Unterkunft** 1 Ap. (1-2 Frauen) mit DZ, Bad/WC, Kochecke, Kaminofen, 1 Ap. (2 Frauen) mit DZ, Bad/WC, Wohnkü., Kaminofen, Zentralheizung, jed. Ap. erweiterbar durch Gartenzi. mit 1 DZ, WC, Liegewiese, Gartenmöbel, Pavillon
- **Extras** Bio-Olivenöl, Marmeladen, Obst aus eig. Prod.
- **Verpflegung** Selbstversorgung
- **Preise** 26 €/Ü/Frau, zzgl. Nebenkosten
- **Sonstiges** rauchfrei, Kinder n. Abspr., allergikerinnengeeignet, keine Tiere
- **Freizeit** umfangreiche Bibliothek
- **Entfernungen** Einkaufen 4 km, Schwimmbad 4 km, Fluss/Therme 10 km

# Casa Nova 7

♀ **Ferienwohnung
in der Toskana
Ganzjährig geöffnet**

Barbara Maser
Via Campaccio 63
I-52016 Castel Focognano
(AR)
Tel. 0039-0575-591516,
0039-333-9133495
b.maser@aruba.it

Ital., Engl., Franz., Deutsch

Wir bieten ein kleines, komfortables Ferien-apartment mit Küche, Bad und Zentralheizung für zwei Frauen. Zu unserem alten Steinhaus gehören 20 ha Felder, Kastanien- und Eichen-wälder, wo die Pflanzen, Tiere und Steine ihre eigene Geschichte erzählen. Zum Wandern, Tiere beobachten, die Ruhe und den wunder-schönen Blick auf das Hügelland genießen oder einfach zum Nichtstun gibt es hier die ide-alen Voraussetzungen. Das Haus liegt im Casentino, einem eher unbekannten Tal nörd-lich von Arezzo, das zur lieblichen Toskana-landschaft einen bergigeren und etwas herben Kontrast bildet. Arezzo ist 30 km, Florenz 70 km und Siena 95 km entfernt. Aber auch die umliegenden mittelalterlichen Städtchen ha-ben ihren ganz eigenen Charme.

- **Unterkunft** Apartment (40 qm) für max. 2 Frauen, Liegewiese
- **Verpflegung** Selbstversorgung
- **Preise** 130 €/Frau/Woche, Endreinigung 30 €, Kindertarif 50 %
- **Sonstiges** kinderfreundlich, Haustiere erlaubt
- **Entfernung** Einkaufen/Ort 5 km

**Nächster größerer Ort**
Arezzo 30 km
**Flughafen**
Pisa 120 km
**Bahnhof**
Rassina 5 km

# 8 Casa Ada

♀ **Frauenferienhaus in der Toskana Ganzjährig geöffnet**

Claudia Xander
Laura Fossati
I-55047 Seravezza (Lu)
Tel. 0039-3391163293
claudia.xander@gmail.com
www.casa-ada.de

Deutsch, Engl., Ital.

**Nächster größerer Ort**
Seravezza 5km
**Flughafen** Pisa 45 km

Das schöne Häuschen m. gigantischem Meerblick liegt in den Hügeln nahe der Mittelmeerküste zwischen Carrara und Viareggio. Die netten Gastgeberinnen informieren gerne über die vielen Möglichkeiten die vor Ort zu unternehmen sind (Berge, Meer, Kultur) und bieten zusätzlich Wellness- und Sprachkurse an.

- **Unterkunft** Haus m. Außenbad, 2 Räume, Terrasse am Haus, Kamin, 400 qm Garten
- **Verpflegung** Selbstversorgung
- **Preise** HS: 290 €/Woche, NS: 250 €/Woche (1-4 Pers.), zzgl. Energiekosten
- **Sonstiges** Haustiere erlaubt, Parkpl. vorh.
- **Freizeit** Wellness, Wandern, Baden (Meer), Kultur, (Ausstellungen, Städte besichtigen, Puccini Festival)
- **Entfernungen** Einkaufen, Supermarkt, Post, Markt 5 km, Meer 11 km, Lucca+Pisa 40 km, Cinque Terre 30 km

# 9 Case Contadine

♀♂ **Ferienhäuser und Pensionen i. d. Südtoskana**

Annette Wolter
Tel. 0211-4162922
Fax 0211-4162923
Mobil 0163-9062554
annette_wolter@yahoo.de
www.cinqueitalia.de
Deutsch, Engl., Ital.

**Nächster größerer Ort**
Cortona 18 km
**Flughafen** Pisa 130 km

Vier rustikale Bauernhäuser (Naturstein), ruhig im Grünen mit Pferden, Hunden, Badesee und Sportmöglichkeiten sowie Dorfnähe mit allen Annehmlichkeiten; Auto erford.
Ausflüge: Perugia, Arezzo, Asissi, Siena, Orvieto. DozentInnen für Kunst-Kultur-Körper-Tanz-Gesundheit können angefragt werden, ebenso weitere Ferienorte.

- **Unterkunft** 4 Häuser (EZ/DZ, MZ) für 2-12 Pers., 1 kl. Haus (EZ, DZ), Kamin, Küche, Gem.bad, Liegewiesen, Terrassen
- **Verpflegung** Selbstvers., Gruppen HP (veg.)
- **Preise** 15 €/Pers., Kinder 50%
- **Freizeit** Tennis, Reiten
- **Entfernungen** Einkaufen 300 m Restaurant

# Campo alle Fonti 10

**♀ Ferienwohnung
in der Toskana
Ganzjährig geöffnet**

Margitta Hofmann
Campo alle Fonti
I-52010 Salutio
Tel./Fax 0039-0575-591310
(tägl. 13-14 u. 20-22 Uhr)
Mobil 0039-3286942372
margitta@qwertymail.it

Ital., Engl., Franz., Deutsch

Campo alle Fonti liegt in den Hügeln der "armen" Toskana, nahe der Quelle des Arno. Wir vermieten eine komfortable Ferienwohnung für 2 Frauen in unserem liebevoll restaurierten Natursteinhaus und laden unsere Gäste ein, von der Stille, der sauberen Luft und der Einfachheit des Landhauses zu kosten. Die historischen Zentren Arezzo, Florenz, Siena sind bequem per Zug oder Auto zu erreichen. Mithilfe im Garten ist möglich (dafür Gemüse kostenlos zum eigenen Verbrauch).

- **Unterkunft** Ferienwohnung (50 qm) für 2 Frauen, Terrasse, Liegewiese, wahlweise zweiter unabhängiger Schlafraum
- **Verpflegung** Selbstversorgung, auf Wunsch Frühstück u./o. Hauptmahlzeit, auch Vollwertkost aus eigener Produktion 15 €/Pers.
- **Preise** 200 €/Woche/1 Frau, 350 €/Woche/2 Frauen, Kindertarif
- **Freizeit** Trockenblumenbinden, Fahrräder vorhanden
- **Sonstiges** Haustiere erlaubt, Hauskatzen und ein lieber Hütehund vor Ort
- **Entfernung** Einkaufen 3 km, Wasserfälle 20 Automin., Waldsee 20 Fußmin.

**Nächster größerer Ort**
Arezzo 30 km, Florenz 70 km, Siena 80 km
**Flughafen** Pisa 120 km
**Transfer/Abholen**
Bhf. Arezzo 30 km,
Kleinbahn Rassina 7 km,
Transfer von/zur Kleinbahn
ist Service des Hauses

♀ **Camping, Ferien-
bungalows in Umbrien
Mai-September**

Silvana Manni
Associazione Culturale
Terradilei
I-05010 Fabro Scalo (TR)
Tel./Fax 0039-0763-835241
Mobil 0039-340-6845394
info@terradilei.it
www.terradilei.it

**Nächster größerer Ort**
Orvieto 20 km
**Bahnhof**
Fabro-Ficulle 3 km
**Anreise mit dem Zug**
Linie Florenz-Rom, Station
Fabro-Ficulle, dann Taxi.

Das schöne, alte Landhaus liegt auf einem Hügel im grünen Umbrien, inmitten von Eichen-
wäldern und Olivenhainen, umgeben von
mittelalterlichen Orten wie Perugia, Assisi und
Gubbio. Bademöglichkeiten in nahegelegenen
Thermalbädern, im Trasimeno- und Bolsena-
See, in der kühlen Quelle in Terradilei und in
unserem Swimmingpool. Im Juli und August
veranstalten wir Events und Konzerte. Es gibt
eine Bar und ein Restaurant, wo Ihr ein Abendessen (Vorbestellung) mit Produkten aus dem
eigenen Garten bekommt. Terradilei ist ein ein-
getragener Verein, die Mitgliedschaft ist obli-
gatorisch: 10 € pro Jahr.

- **Unterkunft** Bungalows mit Du/WC, 50-60
  Zeltplätze, 4 Du/WCs, Aufenthaltsraum,
  Liegewiese, Bar, Restaurant, Tanzfläche,
  Swimmingpool, Küche zur Selbstversorgung,
  Frühstück oder HP vegetarisch möglich
- **Preise** Bungalows 44-49 €/2 Frauen,
  Camping 9-14 €/Frau, Zeltplatz 7-9 €,
  Parkplatz 2 €, Holzhaus mit Bad Juli 60 €,
  August 68 €/2 Frauen
- **Sonstiges** kinderfreundlich, Jungen bis
  8 Jahre, Haustiere erlaubt
- **Einkaufen** 1 km

# Casa Barbarina 12

**♀♂ Apartment in Umbrien**
**Ganzjährig geöffnet**

Doris Schrader
Via del Tritone 15
I-00055 Ladispoli
Tel./Fax 0039-06-9946377
Mobil 0039-3391691229
micdor1@libero.it
www.casa-barbarina.de

Deutsch, Ital., Engl., Franz.

Abseits aller Touristenströme, zwischen mittelalterlichen Orten und Olivenhainen, vermieten
wir ein schönes Apartment in einem renovierten Landhaus mit Garten. Das Apartment ist
sehr bequem eingerichtet und ermöglicht einen fantastischen Ausblick über Hügel und
Täler. Das Haus liegt in einem kleinen Weiler
im Herzen Umbriens und ist ideal für Frauen,
die Ruhe suchen, wandern, lesen und sich sonnen wollen. Die Gegend ist berühmt für Trüf-
fel, Olivenöl und exzellente Weine. Es gibt erst-
klassige Restaurants in den umliegenden Dörfern. Außerdem sind alle kulturell interessanten
Ortschaften wie Orvieto, Assisi, Perugia und
Spoleto in Tagesausflügen zu erreichen.

- **Unterkunft** 1 Apartment (80 qm) mit Schlaf-
  zimmer, Küche, Bad, Hochbalkon mit Schlaf-
  couch, Bibliothek (vielfältige Literatur,
  Kunst-Reisebücher aller Art), TV, Musikan-
  lage, Kamin und Garten (500 qm)
- **Verpflegung** Selbstversorgung
- **Preise** 60 €/Ü/3 Pers., 50 €/Ü/2 Pers.,
  EZ 35 €/Ü
- **Sonstiges** Hunde erlaubt
- **Freizeit** schöne Wanderwege ab der Haustür
- **Entfernungen** Einkaufen 3 km, Schwimmbad
  im Pinienhain 2 km

**Nächster größerer Ort**
Giano dell Umbria 3 km
**Flughafen**
Florenz 130 km,
Rom 150 km
**Bahnhof**
Foligno 15 km
**Transfer/Abholen**
Nach Absprache

# 13 Casa Scala

**♀♂ Ferienresidenz auf Elba**

Marianne Kipp
Elvira Korf
Via Filetto 586
I-57034 Marina di Campo
Isola d'Elba
Tel. 0039-0565-977777
Mobil 0039-347-6861855,
0039-335-8024306
fluxus@elbalink.it
www.casascala.isoladelba.it

Deutsch, Engl., Ital., Franz.

**Nächster größerer Ort**
Marina di Campo 3 km
**Flughafen** Pisa und saisonal Marina di Campo
**Bahnhof** Piombino
Marittima, von dort Fähre
nach Portoferraio, Bus
nach Marina di Campo
**Tranfsfer/Abholen**
von der Fähre 20 €

Altes toskanisches Bauernhaus mit großem Garten und Sonnenterrassen. Der Strand ist 1,5 km entfernt. Das Haus liegt ruhig in einem malerischen Tal, das von Touristen weitgehend verschont ist. Es ist voll eingerichtet; im Erdgeschoss wohnen die Eigentümerinnen, die mit Informationen weiterhelfen. Es werden auch Seminare angeboten zu den Bereichen Kunst, Musik und italienische Sprache. Es besteht die Möglichkeit zur körperlichen Entspannung durch Shiatsu und Reiki. Sportmöglichkeiten sind in der Umgebung vorhanden: wandern, segeln, surfen, tauchen, reiten. Inselrundfahrten werden auch organisiert.

- **Unterkunft** 2 große Wohnungen für 4/5 Pers. mit 2 Schlafzi., Wohnküche, Bad/WC, große Terrasse mit Gartenmöbeln, 2 Einraum-Apartments für je 2 Personen, Bad, Küchenzeile, Wohn/Schlafbereich, Terrasse
- **Verpflegung** Selbstversorgung, auf Wunsch Frühstück oder Abendessen ab 2 Personen
- **Preise** große Wohnung Terrazza: 70 €/90 €, große Wohnung Scala 65 €/80 €, Einraum-Apartments 40 €/50 €
- **Sonstiges** Katzen am Haus
- **Freizeit** Fahrräder und Spiele können vom Haus geliehen werden, Sat-TV
- **Entfernungen** Einkaufen 3 km, Strand 1,5 km, Bäckerei in unmittelbarer Nähe

♀ **Privatzimmer in Rom**
**Ganzjährig geöffnet**

Michaela Leone
Doris Schrader
Via del Tritone 15
I-00055 Ladispoli/Roma
Tel./Fax 0039-06-9946377
Mobil 0039-338-7756257
micdor1@libero.it
www.casa-barbarina.de

Deutsch, Ital., Engl., Span.

Direkt am Meer, ca. 35 km vom Zentrum Roms entfernt, vermieten wir in Ladispoli ein DZ oder EZ in einer Privatwohnung. Ideal für Gästinnen, die Kultur und Erholung miteinander verbinden wollen. Ein eigener Autostellplatz, freie Küchenbenutzung, Bad und Balkon mit Blick auf das Meer und ein Tennisplatz stehen zur Verfügung. Es gibt eine neue, große Strandpromenade, einen Obst-, Gemüse- und Kleidermarkt, Piazzen mit römischem Flair und gute Fischrestaurants. Züge fahren halbstündig nach Rom, der Vatikan ist 25 Min., Trastevere 30 Min. entfernt.

- **Unterkunft** DZ o. EZ in Privatwohnung am Meer
- **Verpflegung** Selbstversorgung
- **Preise** EZ 30 €, DZ 50 €
- **Sonstiges** 2 Katzen im Haus
- **Entfernungen** Einkaufen wie in Rom, Meer vor der Tür

**Flughafen**
Rom Fiumicino od.
Ciampino 35 km

# 15 „Koliseum" Wohnung in Rom

♀ (♂) **Ferienwohnung in Rom-Altstadt**
**Ganzjährig geöffnet**

Margherita Durando-Gallo
Largo Pannonia 12
I-00183 Rom
Tel. 0039-06-70476422
Mobil 0039-3402303219
info@romeflats.com
www.romeflats.com
Anmeldung (im Voraus) erforderlich

Ital., Deutsch, Span., Engl., Port., Franz.

**Flughafen**
Rom-Fiumicino,
Rom-Ciampino je ca.17 km
**Bahnhof**
Termini/Ostiense 2 km

Ideal und ruhig gelegene, für AllergikerInnen geeignete Wohnung für 3-4, max. 5 Personen, modern, elegant und komfortabel eingerichtet in der Via Licia im Zentrum Roms (U-Bahn Linie „B" Koliseum, Linie „A" San Giovanni), 600 m südlich vom Koliseum und Forum Romanum. Im Schlafzimmer befinden sich 2 Einzelbetten, die zu einem Doppelbett zusammen geschoben werden können. Im getrennten WZ bietet ein bequemes Doppelsofa mit orthopädischer Matratze süße Träume. Das Leben des modernen Roms sowie historische Stätten und antike Denkmäler sind alle im Umfeld der Wohnung zu finden: Via Appia, Kolosseum, Circus Maximus, das Römische Forum, die Caracalla Bäder. Gelegentlich vermietet die Gastgeberin auch ein Doppelzimmer in ihrer schönen Penthouse Wohnung in der Largo Pannonia/Ecke Via Licia. Männer sind in Frauenbegleitung willkommen.

- **Unterkunft** Ferienwohnung (60 qm), 1 DZ, Wohnraum, Panzertür, Du/WC, Esszimmer, vollausgerüstete Küche, Spül- u. Waschmaschine, Sat-TV, Parkgarage nebenan
- **Verpflegung** Selbstversorgung
- **Preise** ab 80 €/Tag, kleine Extras, Wäsche und Endreinigung inkl., Privatzimmer ab 40 €/Nacht
- **Haustiere** nicht gestattet
- **Entfernungen** Einkaufen vor der Tür, Biomarkt täglich, Strand 25 km

## ... IN ROM UND IN ITALIEN

→ Rom ist immer wieder eine Reise wert – gemeinsam mit anderen Frauen macht es noch mehr Spaß, im „dolce vita" der römischen Metropole mitzuschwingen. Und vor allem: unter der sachkundigen Führung unserer langjährigen Reiseleiterin, die diese Stadt liebt und Euch die Lebenslust und die Lebendigkeit der RömerInnen, sowie Geschichte und Alltagsleben dieser Stadt hautnah miterleben lässt. Auf informativen Rundgängen spaziert Ihr durch die Straßen der Ewigen Stadt mit den unzähligen Brunnen und zahlreichen Kirchen und über die vielen Piazzas, vorbei an berühmten Bauwerken wie der Villa Borghese mit Gemälden berühmter Malerinnen, dem Kolosseum, den Katakomben sowie zu historischen Stätten wie der Via Appia, dem ehemaligen jüdischem Ghetto oder in das frühere KünstlerInnenviertel Trastevere.

Natürlich verrät Euch unsere Reiseleiterin auch, wo es den besten Cappuccino, das leckerste Eis und die italienischste Pizza gibt...! Und während der Sommermonate gibt es „Rom am Meer", mit Ausflügen in die etruskische Kultur und Unterkunft direkt am Strand.

**Andere Frauen-Unterwegs-Programme entführen Euch zu weiteren lohnenswerten Reisezielen Italiens:** die Städtereisen nach Venedig, Neapel und Palermo erfreuen sich hierbei besonderer Beliebtheit und verbinden spannende Stadtrundgänge mit entspannenden Landausflügen, z.B. rund um den Golf von Sorrent oder quer durch Sizilien. Die einwöchigen Termine unserer Städtereisen sind übrigens vielfach als Bildungsurlaub anerkannt!

Noch mehr „bella Italia" bietet auch unsere Workshop-Reise „Singen in Italien" und natürlich unsere liebevoll ausgearbeiteten Rundreisen: durch die beliebte Toskana, mit Abstechern nach Siena und Florenz, durch das angrenzende, grüne Umbrien voller kultureller und kulinarischer Reichtümer oder durch die überraschend vielfältige Veneto-Region rund um Venedig, die von Villen und Parks geprägt ist. Wandern könnt Ihr die malerische Cinque Terre erkunden, in Norditalien an der ligurischen Küste gelegen, oder Euch auf Erkundungstour durch die atemberaubend schönen Landschaften Apuliens, ganz im Süden Italiens, begeben.

**Aktuelle Termine und Preise könnt Ihr anfragen bei:**
Frauen Unterwegs – Frauen Reisen
Potsdamer Str. 139
D-10783 Berlin
Tel. 030-215 10 22
reisen@frauenunterwegs.de
www.frauenunterwegs.de

♀ **Gästehaus in Rom**
**Ganzjährig geöffnet**

Paola, Giulia, Roberta,
Michaela (spricht deutsch)
Via San Francesco
di Sales 1/a
I-00165 Rom
Tel 0039-066893753
Fax 0039-0668401725
Mobil 0039-3391163293
orsamaggioreroma@tiscali.it
www.casainternazionale-
delledonne.org/foresteria.htm

Engl., Ital.

**Flughafen**
Rom-Fiumicino 30 km,
Rom-Ciampino 18 km
**Bahnhof**
Rom-Termini 2 km
**Transfer** 10 € Bahnhof,
40 € Flughafen

Orsa Maggiore befindet sich im Gebäude des
International Women's House, einem ehemaligen Konvent aus dem 17.Jahrhundert, in Trastevere im Herzen von Rom. Alle Zimmer sind
sehr ruhig mit Blick auf den Garten, den Giani-
colo oder umliegende Hausdächer. Gäste können im Garten ausruhen und die Speisekarte
des Restaurants sowie des vegetarischen Cafés
ausprobieren. Alle Sehenswürdigkeiten sind
gut zu Fuß erreichbar.

- **Unterkunft** DZ, EZ, MZ mit und ohne
  Bad/DU/WC
- **Verpflegung** inkl. Frühstück
- **Preise** EZ 75 €/ÜF/Bad/Du/WC, 52 €/ÜF/ohne
  Bad/Du/WC, DZ 110 €/ÜF/Bad/Du/WC,
  72 €/ÜF/ohne Bad/Du/WC,
  MZ 36 €/ÜF/Bad/Du/WC/Frau,
  26 €/ÜF/ohne Bad/Du/WC/Frau
- **Sonstiges** Jungen bis 12 J., behindertenge-
  recht, Rauchen nur draußen erlaubt,
  Parkplatz vorhanden, Garten
- **Freizeit** Ristorante Luna e l'altra, Via San
  Francesco di Sales 1/a, 00165 Roma, www.ca-
  sainternazionaledelledonne.org/ristorante.htm
  , Tel 0039-0668401727
- **Entfernungen** Einkaufen/Baden 0,5 km,
  Strand 20 km, See 41 km, Spa's 28 km,
  Haltestelle 200 m

♀ **Apartment u. Privat-
zimmer in Mittelitalien
Ganzjährig geöffnet**

Casa Colcello, ein komplett renoviertes Natursteinhaus, liegt in traumhafter Alleinlage mit
Panoramablick in den grünen Hügel der italie-
nischen Marken am Fuße des Apennins. Es ist
ein idealer Ausgangspunkt für Wanderungen,
Ausflüge zum Meer und Städtetouren; zentral
gelegen und doch in ruhiger Natur eingebet-
tet. Alle Räume haben Heizkörper, in der
Küche gibt es einen offenen Kamin und einen
Holzofen. Die Liegewiese befindet sich auf einem kl. Plateau mit schönem Talblick. Weitere
Angebote sind: Italienisch-Sprachkurs in
Urbania, Sprach-/Kochkurs über uns, Kletter-
touren, Höhlenführungen, versch. Malkurse
und ein Astrologie-Seminar, Frauendisco in
Catolica, Gay & lesbische Events in Senigallia,
Pesaro, Rimini.

Uschi Ehrhardt
Str. Monte Peruzzo
I-61043 Cagli
Mobil 0039-339-3079869
uschi@frauenurlaub-italien.com
www.frauenurlaub-italien.com

Deutsch, Ital., Engl.

- **Unterkunft** 2 DZ mit gem. Nutzung von
  Küche, Bad, Wohnzi., 1 gem. Bad, Liegewiese
- **Verpflegung** Selbstvers., Frühst. 5 €/ Frau
  /Tag, HP 13 €/Frau/Tag, VP 20 €/Frau/Tag
- **Preise** 1 DZ 20 €/Frau/Tag, kompl. Wohn.
  (2 DZ) 25 €/Frau/Tag
- **Sonstiges** Jg. bis 18 J., rauchfrei, Rauchen
  nur draußen, Besitzer der anderen
  Haushälfte ist geleg. anwesend
- **Freizeit** Bibliothek, Spiele, Darts, gef. Wan-
  derungen, Städtetouren
- **Entfernungen** Einkaufen Cagli 5 km, Baden
  40 km (1/2 Std. mit Auto), Haltestelle 5 km

**Nächster größerer Ort**
Cagli 5 km, Fano 40 km
(Adriaküste), Urbino 40 km
**Flughafen** Ancona 100 km
**Bahnhof** Fano 45 km
**Transfer/Abholung**
vom Bhf. 15 €,
vom Flughafen 25 €

# 18 Palazzo Leuzzi

♀♂ **Bed & Breakfast in Apulien/ Süditalien Ganzjährig geöffnet**

Mariateresa Funtò
Via Giacomo Leuzzi, 73
I-73044 Galatone (Lecce)
Tel. 0039-0833-865137
Mobil 0039-349-5271980
info@palazzoleuzzi.it
www.palazzoleuzzi.it/
deutsch/camere_de.htm
Bürozeiten 10-14 h, 17-21 h

Ital., Engl., Deutsch

**Nächster größerer Ort**
Lecce 25 km
**Flughafen** Brindisi 70 km
**Bahnhof** Galatone
**Transfer/ Abholen**
möglich, 20-40 €

Der Palazzo Leuzzi, eine herrschaftliche Villa aus dem 19. Jahrhundert, bietet Ihnen Bed and Breakfast in Galatone, einer historischen Stadt am "Stiefelabsatz" Italiens. Galatone liegt 10 km östlich von Gallipoli, 25 km südlich von Lecce und nur 10 Autominuten vom Ionischen Meer entfernt. Der Palazzo verfügt über fünf wunderschön renovierte Doppelzimmer, alle haben ein eigenes Bad. Die Gäste können sich im Salon und in der Bibliothek aufhalten oder das Frühstück auf der Terrasse einnehmen, von der aus man in den herrlichen, ummauerten Garten mit seinen Zitronenbäumen und Pinien blickt.

- **Unterkunft** EZ, DZ, MZ (3 Pers.) mit und ohne Bad/Du/WC, Apartments (bis 5 Pers.), Salon mit Bibliothek, Terrasse, Patio, Garten
- **Verpflegung** Frühstück, Selbstversorgung oder HP (20 €/Pers.), VP (30 €/Pers.)
- **Preise** EZ 25-50 €/ÜF/Bad/Du/WC, DZ 20-40 €/ÜF/Bad/Du/WC/Pers., MZ 20-30 €/ÜF/Bad/Du/WC/Pers., Ap. 300-600 €/ Woche
- **Sonstiges** allergikerinnengeeignet, Haustiere vorhanden und erlaubt, Nichtraucherort, Rauchen erlaubt in Raucherecken, Parkplatz vorhanden, Fahrräder ausleihbar
- **Freizeit** viele Sehenswürdigkeiten, Lecce 25 km, Otranto 50 km, Gallipoli 9 km, für Sommerevents: www.salentofestivaldeco.it
- **Entfernungen** Einkaufen und Bus vor der Haustür, Strand 9 km

# Bologna

• **Biblioteca del Centro documentazione delle Donne / Frauenbibliothek**
Santa Christina Convent
Via del Piombo 5
I-40215 Bologna
Tel. 0039-051-4299411
Fax 0039-051-4299400
www.women.it/bibliotecadelledonne
Winter Mo-Do 9-18 h,
Fr 9-14 h
Sommer
Mo, Mi, Fr 9-14 h
Di+Do 9-18 h

# Bozen

• **Frauenarchiv Bozen**
Pfarrplatz 15
I-39100 Bozen
Tel. 0039-0471-326905
www.archiviodonne.
bz.it/12/lang/8
Mo,Mi,Do,Fr 8-12 h
Di 14.45-18.45 h

# Cagliari/Sardinien

• **Lilith / Zentrum für Frauenstudien**
Via Lanusei, 15
I-09125 Cagliari
Tel. 0039-070-666882
Fax 0039-070-652412
www.women.it/lilith
M+Mi 16.30-20 h

# Florenz

• **Frauenbuchladen**
Via Fiesolana, 28
I-50122 Florenz
Tel. 0039-055-240384
Fax 0039-055-2347810
Di-Fr 9-13 h und
15.30-19.30 h,
Sa 11-13 h

• **Piccolo Café**
Café ♀♂
Borgo Santa Croce, 23r
I-50122 Florenz
Tel. 0039-055-241704
Tgl. 17-2 h

• **Y.A.G Bar**
Via de' Macci 8r
♀♀ ♂♂
Tel. 0039-055-2469022
Tgl. 17-2 h

# Mailand

• **Libreria Babele Buchladen** ♀♀ ♂♂
Via San Nicolao, 10
I-20123 Milano
Tel. 0039-02-36561149
Fax 0039-02-36561156
www.libreriababele.it
Mo-Sa 12-20 h, So 14-20 h

• **Cicip e Ciciap**
Bar, Restaurant ♀♀
Via Gorani, 9
I-20123 Mailand
Tel. 0039-02-867202
Mi-So 20.30-2 h
Mo geschlossen

• **Recycle** Club ♀♀
Via Calabria, 5
I-20158 Mailand
Tel. 0039-02-3761531
Tgl. 21-2 h
Mo geschlossen

• **Billy** Disco, Club
Via Gatto/
Viale Forlanini,
I-20090 Mailand
Tel. 0039-335-8327777
Sa 20-??
www.billyclub.it

• **After Line**
Bar, Biergarten ♀♀ ♂♂
Via G.B. Sammartini 25
I-20158 Mailand
Tel. 0039-02-6692130
Tgl. 21-2 h

# Meran

...........................

• **Frauenmuseum**
Evelyn Ortner
Lauben 68
I-39012 Meran
Tel. 0039-0473-231216
Fax 0039-0473-239553
www.museia.org
Mo-Fr 10-12h,14-17 h
Sa 10-12.30 h

# Neapel

...........................

• **Eva Luna**
Frauenbuchhandlung
Piazza Bellini, 72
I-80138 Neapel
Tel. 0039-081-292372
www.evaluna.it

# Rom

...........................

• **Le Sorellastre im Frauenzentrum**
Restaurant, Café ♀
Via San Francesco di Sales, 2
I-00165 Rom
Tel. 0039-06-6864201
www.casainternazio-naledelledonne.org
Di-Sa 19.30-24 h

• **Associazione**
Nazionale Telefono Rosa
Infoline ♀♀ ♂♂
Viale Mazzini, 73
I-00195 Rom
Tel.0039-06-37518261
www.telefonorosa.it
Mo-Fr 10-13 h u. 16-19 h

• **Al Tempo Ritrovato**
Frauenbuchladen
Via dei Fienaroli, 31 d
I-00153 Rom
Tel. 0039-06-5817723
Mo 16-20 h,
Di-Sa 10-20 h

• **Shelter**
Disco ♀♀ ♂♂
Via die Vascellari 35
I-00151 Rom

• **Garbo Bar**
Disco ♀♀ ♂♂
Vicolo S. Margherita 1a
I-00155 Rom

• **Voice**
Bar, Disco ♀♀ ♂♂
Via dei Conciatori, 7c
I-00154 Rom
Tel.0039-06-57288530

• **Queer**
Buch- und Geschenke-laden ♀♀ ♂♂
Via del Boschetto, 25
I-00184 Rom
Tel. 0039-06-4740691

• **Jolie coeur Disco**
Disco ♀♀ ♂♂
Via Sirte, 5
I-00199 Rom
Tel.0039-06-574-3448
Jd. 1.+2. Sa im Monat
ab 22 h Disco nur für
Frauen

• **Libreria Babele**
Buchladen ♀♀ ♂♂
Via dei Banchi vecchi, 116
I-00186 Rom
Tel. 0039-06-6876628
www.libreriababelero-ma.it
Mo-Sa 11-19 h

# Viareggio (Lucca)

...........................

• **Casa Delle Donne**
Via Marco Polo 6
I-55049 Viareggio
Tel. 0039-0584-52645
www.casadelledonne.it
Mo+Di 15.30-17.30 h
Do 9-11 h

In einem alten Dorf liegen unsere modern ausgestatteten, luxuriösen Maisonettes und unser typisch gozitanisches Farmhäuschen „Four Winds". Alle bieten schöne Ausblicke und sind sehr ruhig gelegen. Wir helfen Euch gerne bei Eurer Urlaubsgestaltung. Im Gesther Restaurant in der Hauptstraße könnt Ihr Euch von unseren Nichten mit landestypischer Küche verwöhnen lassen. Das Meer ist 10 Autominuten oder einen schönen halbstündigen Spaziergang entfernt. Die Umgebung eignet sich gut zum Wandern. Ein weiteres Apartment in Masalforn, einem Fischerdorf, mit Strand über die Straße ist dazu gekommen.

- **Unterkunft** 2 Maisonettes (à 3 DZ, Bad/Du/WC), 1 Apartment in Masalforn, Farmhaus (max. 6 Personen), DZ können auch als EZ vermietet werden, Terrassen
- **Verpflegung** Selbstversorgung
- **Preise** auf Anfrage
- **Sonstiges** spezielle RaucherInnenecken, kinderfreundlich, behindertengerechte Apartments, allergikerInnengeeignet
- **Entfernungen** Einkaufen nahebei, Bademöglichkeit 3 km

♀ ♂ **Farmhaus und Maisonettes auf Gozo Ganzjährig geöffnet**

Gemma und Esther Said
43, January Street
Xaghra - Gozo, XRA 102
Malta
Tel. 00356-21551924
Mobil 00356-79551924
sylviacaruana@yahoo.com

Englisch

**Nächster größerer Ort**
Rabat (Victoria) 4 km
**Flughafen** Malta
**Transfer** vom Flughafen
ca. 47 € per Taxi, öffentlicher Bus

**SPANIEN** (① 0034/...), **PORTUGAL** (① 00351/...)

**1** Casa Irama

**2** Boqueria

**3** Spaniche Perspektiven

**4** Montymar

**5** Finca Mesa de Solano

**6** Casa Emilia

**7** La Molina

**8** Casa la Fuente

**9** Desert-Hearts-Inn

Mallorca:

**10** Casa de la Luna

**11** Can Calindus

**12** Hotel Casa d'Artà

Kanaren:

**13** Villa-Arco-Iris

**14** Casa Monedi

**15** Casa el Rosal

**16** Arte de Obra

**17** Lanzarote Guesthouse

**18** Casa Miramas

**19** Jardin Mariposa

**20** Quinta da Fortuna

**21** Monte de Moita Nova

# 1 Casa Irama

**♀♂ Apartment
in den Pyränen
Ganzjährig geöffnet**

Pilar Mata Puyuelo
Unica, s/n
E-22340 Margudged
Tel. 0034-974-238770
Mobil 0034-625804154
piluca49@gmail.com
www.casairama.com
Span., Deutsch, Engl.
**Nächster größerer Ort**
Ainsa 4 km, Barbastro 60 km
**Flughafen** Zaragoza 175 km
**Bahnhof** Monzon 70 km
**Transfer** Barcelona 50 €/Pers.,
Barbastro 10 €/Pers.

Casa Irama ist ein nettes Einzelhaus (am Ortsrand) in den spanischen Pyrenäen in 600 m Höhe mit Blick auf die Berge. Ein gemütlicher Garten mit vielen Pflanzen, Bäumen und lauschigen Ecken steht unseren GästInnen zur Verfügung. Der "Parque Nacional de Ordesa" ist nur 40 km und ein Skigebiet 60 km entfernt.

- **Unterkunft** 2 Ap. mit 4 DZ/Bad/ 4 Erw. u. 4 Kinder, Küche, Grillplatz, Kühlschrank
- **Verpflegung** Frühst. 3 €, Frühst. u. Abend. 12 €, auf Wunsch veg.
- **Preise** 6 DZ (EZ mögl.) 30 €, 6 DZ 36 €, 2 Ap. 72-80 €/Nacht, Aufbettung mögl., Handtücher 4 €/Frau
- **Sonstiges** Rauchen im Garten, Parkpl. vorh.
- **Freizeit** Wandern, Spa, Rafting, Kanfahren, Schwimmen, Bars, Disco, Museen, Galerie
- **Entfernungen** Einkaufen Boltaña 1,5 km, Ainsa 4 km, Baden am Fluss 20 Min. zu Fuß

# 2 Boqueria

**♀♂ Ferienhaus
in Barcelona
Ganzjährig geöffnet**

Lucila Balmori
C/boqueria, 9 3°
E-08002 Barcelona
Tel 0034-93-3179821 (15-17 Uhr)
Mobil 0034-630036402
lucilabal@hotmail.com
Span., (Engl.)
**Flughafen**
Barcelona ca. 25 Min.,
Girona ca. 1 Std. (mit Taxi od. Bus)

Das schöne, alte Stadthaus mit modern eingerichtetem Einzelzimmer und Doppelzimmer liegt im historischen Zentrum in einer ruhigen Seitenstraße, unweit Las Ramblas und Placa Real. Alle Sehenswürdigkeiten und interessanten Ecken in Barcelona befinden sich in der Nähe und sind gut zu Fuß erreichbar.

- **Unterkunft** 1 EZ, 1 DZ mit gemeinsamem Bad/Du/WC, Küche
- **Verpflegung** Selbstverpflegung
- **Preise** EZ 36 €/Ü/Du/WC, DZ 55 €/Ü/Du/WC
- **Freizeit** Las Ramblas um die Ecke, viele Sehenswürdigkeiten in der Nähe
- **Entfernungen** Einkaufen/Meer 3 km, Passeig de Gracia 10 Min., Barcelona Strände 15 Min.

♀ Netzwerk im Raum
Barcelona, Tarragona
und Andalusien

Casa Blanca
Tel. 030-2156669
arbola@gmx.net

Casita del Campo
Tel. 0034-977-261164
horstm@casa-ecologica.com

Mas d'en Bel/Eselsfarm
Tel. 0034-977-262385
angeladelasburras@gmx.de

Montymar
Tel. 0034-977-810 530
montymar@tiscali.es

Pitres/Granada
Tel. 0034-9580-64069
angel@angelika-speigl.de

Barcelona/Stadtspaziergänge
Tel. 0034-93-3236325
ullarudi@web.de

Wir sind ein Netzwerk von privaten Anbieter-
innen, die in den Regionen Barcelona (Stadt-
spaziergänge), Tarragona und Andalusien
Ferienhäuser, Apartments, Camping, Esels-
wanderungen und Kreativworkshops anbieten.

Bei uns sind Frauen, Frauenpaare mit/ohne
Kinder willkommen. Haustiere nur nach Absprache. Rauchen ist auf unseren Terrassen gestattet. Wir sind fast alle ganzjährig erreichbar,
sprechen deutsch, englisch, spanisch. Die An-
reiseflughäfen/Bahnstationen sind den Websites zu entnehmen, bzw. bei den Anbieter-
innen zu erfragen. Abholservice kann nach
Voranmeldung organisiert werden.

Sehenswürdigkeiten gibt es bei uns viele:
Barcelona, Weltkulturerbe Tarragona, Fels-
malerei in Ulldecona, Iberisches Dorf bei
Alcanar, Ebrodelta sowie vielseitige Wander-
möglichkeiten in Naturschutzgebieten.

Laßt Euch überraschen!

Weitere Informationen unter:
**www. spanische-perspektiven.de**

# 4 Montymar

♀Ferienpension für
Frauen an der Costa
Dorada
Provinz Tarragona
Ostern-Oktober

Ulla Kolks, Christel Müller
Avda. Príncipe de España 66
E-43892 Miami-Platja
Tel./Fax 0034-977-810530
montymar@tiscali.es
www.montymar.com

Span., Engl., Deutsch

**Flughafen**
Reus 25 km,
Barcelona 120 km
**Bahnhof**
Hospitalet del'Infant 2 km
**Transfer**
Vom Bahnhof gratis
**Nächster größerer Ort**
Cambrils 12 km,
Tarragona 30 km

Ein Ferienidyll für alle Frauen, die sich richtig
fallen und verwöhnen lassen wollen! Die
freundlichen ebenerdigen Zimmer – alle mit
Duschbad und Südterrasse – gruppieren sich
um einen bepflanzten Innenhof mit Wasser-
becken und Springbrunnen. Eine kleine Oase
zum Sonnen, Ausruhen, Lesen. Miami-Platja ist
ein relativ ruhiger Badeort mit schönen Sand-
stränden und felsigen Badebuchten. Einige
wurden wegen der guten Einrichtungen und
der Wasserqualität mit der „blauen Flagge"
der EU ausgezeichnet. Außer schwimmen,
windsurfen und segeln könnt Ihr noch Tennis
spielen, reiten oder Fahrräder, Quads und
Autos mieten. Das katalanische Hinterland ist
wunderschön und lädt zu vielen verschiedenen
Ausflügen ein.

- **Unterkunft** 8 DZ mit Duschbad/WC, davon
  2 mit 3. Bett, Aufenthaltsraum, Winter-
  garten, Terrasse, Innenhof, wilder Garten
- **Verpflegung** Frühstücksbuffet, vegetarisches
  Abendessen möglich
- **Preise** 27,50-35 €/ÜF/Frau, EZ-Zuschlag,
  10% Rabatt ab dem 8. Tag, 15% ab dem
  15.Tag, Gruppentarif (max. 17 Frauen)
- **Sonstiges** kinderfreundlich, Jungen bis 10 J.,
  Haustiere nach Absprache
- **Entfernungen** Einkaufen 350 m, Meer 600 m

# Finca Mesa de Solano 5

**♀♂ Ferienhaus in Andalusien Ganzjährig geöffnet**

Anne Focken
Mesa de Solano
E-29170 Colmenar
Mobil 0034-699-048713
a.focken@gmx.de
www.finca-malaga.com

Deutsch, Engl., Span.

Zum Kennenlernen dieser Region sind die kleine Finca und das neu gebaute Ferienhaus im Naturschutzgebiet „Montes de Malaga" wie geschaffen. Naturverbundene Menschen finden hier Ruhe abseits vom Massentourismus. Bei einem Glas Wein unter einem Oliven- oder Mandelbaum oder von einer der vielen Terrassen läßt sich der fantastische Ausblick über die Axarquia genießen. Die Städte Granada, Sevilla und Cordoba mit ihren Baudenkmälern und Kulturschätzen sind circa ein bis zwei Stunden mit dem Auto entfernt. Ein Mietwagen kann auf Wunsch organisiert werden. Genießen Sie einfach die Liebenswürdigkeit der Menschen, die Sonne und die unglaubliche Kultur Andalusiens.

**Nächster größerer Ort**
Colmenar 6 km
**Flughafen**
Bahnhof Malaga 20 km
**Transfer/Abholen**
Nach Absprache möglich

- **Unterkunft** Ferienhaus (100 qm) mit 2 DZ, 1 gr. Wohnküche, Bad/WC, 3 Terrassen, 1 Dachterrasse. Neu: "la Mesita", ein Ferienhaus im Garten mit 45 qm, 1 DZ, Wohnküche, Bad, 30 qm Terrasse.
- **Verpflegung** Selbstversorgung
- **Preise** Finca 48 €/Ü/2 Pers., 60 €/Ü/4 Pers., "La Mesita" 39 €/Ü/2 Pers.
- **Haustiere** nicht erlaubt
- **Entfernungen** Einkaufen u. Bus in Colmenar 6 km, Schwimmbad 6 km, Strand 20 km, Restaurants, Tapabars, Bank, Apotheke, Supermarkt in Colmenar

# 6 Casa Emilia

♀Fincas für Frauen
in Andalusien
Ganzjährig geöffnet

Marion Bergermann
Tel. 030-85102231
Fax 030-85102232
info@casa-emilia.de
www.casa-emilia.de

Deutsch, Engl.

**Nächste Küstenorte**
Torrox Costa 16 km,
Nerja 20 km
**Flughafen**
Malaga 60 km
**Transfer** Taxi 50 €
oder ein Auto direkt am
Flughafen mieten

Casa Emilia (weitere Häuser auf Nachfrage)
liegt ca. eine Autostunde östlich von Malaga
im malerischen Hinterland der Costa del Sol
und ist ein idealer Ausgangspunkt, um die reichen Natur- und Kulturschätze Andalusiens zu
entdecken. Die Finca liegt versteckt in einem
2000 qm großen Olivenhain inmitten duften-
der Kräuter und wilder Orchideen. Ein eigener
Pool sorgt für Abkühlung und Entspannung.
Der weite Blick auf Berge und Mittelmeer ver-
zaubert. Ein Paradies für die Wanderin ist der
nahe gelegene Naturpark Sierra Almijara, eine
grandiose Berglandschaft. Das weiße Dorf
Competa ist zu Fuß in 10 Min. zu erreichen
und verfügt über eine gute Infrastruktur mit
Busverbindung zur Küste, Supermärkten, viel-
fältiger Gastronomie und einem Internetcafé

- **Unterkunft** Finca mit 90 qm, 2 Doppel-Zi.,
  2 Bäder, offene Küche, ZH, Kamin,
  Musikanlage, SAT-TV, Pool 8x4 m breit,
  1,2-1,5 m tief
- **Verpflegung** Selbstversorgung
- **Preise** Haus inkl. Nebenkosten je nach
  Saison 450-520 € Woche
- **Sonstiges** Nichtraucherinnenhaus
- **Freizeit** Schwimmen, Bergwandern, Reiten
- **Entfernungen** Einkaufen und Restaurants
  10 Min. zu Fuß, Küste 16 km

Vögelzwitschern, Blätterrauschen, Wasserplätschern - Schildkröten, die sonnenbaden, schattenspendende alte Bäume, Schilf, das im Winde tanzt - ein Paradies für Natur- und Vogelliebhaberinnen - das alles und vieles mehr ist la molina. Idyllisch gelegen, im naturrechtlich geschützten Tal des Rio Trejos, entlang wunderschöner Sandsteinfelsen - ein idealer Erholungs- und Ausgangsort. Nicht fern von Städten, reich an Sehenswürdigkeiten (Granada, Sevilla, Cordoba, Cadiz, Ronda) und auf der Route der Weißen Dörfer Andalusiens mit ihrem maurischen Charme gelegen, ist la molina eine grüne Oase im Herzen Andalusiens.

♀ **Ferien-Oase für Lesben, Frauen und Kinder in Andalusien Privatzimmer, Campingplatz Ganzjährig geöffnet**

Carola Speth und Karin Kinz
Apartado No 33
E-11962 Setenil de las Bodegas/Cádiz
Spanien
Tel./Fax 0034-660-167981
Mobil 0034 660 167 981
la-molina-mujeres@hotmail.com
www.la-molina.moonfruit.com

Deutsch, Engl., Span.

- **Unterkunft** 1 EZ, 1 DZ, Dachterrasse, Patio in ökolog Haus, 20 Zeltpl., 2 Pl. für Wohnmob., 2 hauseig. Wohnw. mit kl. Küche
- **Ausstattung** Terrassen, Gem.küche
- **Verpflegung** Selbstvers., Früh. 6 €/ Abend. 15 €/vegetarisch, Schmaus-Anfangskit 20 €
- **Preise** EZ 30 €/Ü, DZ 38 €/Ü, Wohnw. 18 €/ Frau/Ü, 30 €/2 Frauen/Ü, Endr. 25 €/, Stellpl. 15 €/ Tag, 10 €/Zelt/Frau, 28 €/Woche f. Anm. v. Zelt, Matratzen, Bettzeug - ab 8.Tag 15% Rabatt
- **Sonstiges** behindertenger., Jg. bis 12 J., Hund und Katze vorhanden, Haustiere auf Anfrage, Rauchen gestattet, Parkpl. vorhanden
- **Freizeit** Beach-Volleyball, Badminton, Bogenschiessen, Bücherei, Reiten, Drachenfliegen, Kajakfahren, Wandern, Schwimmen, u.v.m.
- **Entfernungen** Einkaufen/Ort 2 km, See ca. 30 km, Meer (Costa del Sol) ca. 80 km

**Nächster größerer Ort**
Ronda 18 km
**Flughafen** Malaga 110 km, Sevilla 120 km, gute öff. Verkehrsm. nach Ronda
**Bus/Bahnhof**
Setenil de las Bodegas 2 km, Ronda 18 km
**Transfer/Abholen**
auf Anfrage

# 8  Casa la Fuente, la Loma, la Cuesta

♀♂ 3 Ferienhäuser
in Andalusien
Ganzjährig geöffnet

Jeannette Teuscher
C/Obispo 8
E-29718 Benamargosa
Tel. 0034-659-110165
Fax 0034-952-030815
ElPoli@web.de
www.andalucia-holiday.de
Deutsch, Engl., Span.

**Nächst größerer Ort**
Torre del Mar 18 km (Küste)
**Flughafen** Malaga 50 km

Ein Landhaus mit, eins ohne Pool und ein Dorfhaus.... Für jeden Geschmack etwas! Alle 3 Häuser sind im typisch andalusischen Stil renoviert mit wunderschöner Aussicht auf die sanften Hügel und Berge der Region. Die Gegend lädt zum Wandern und Erkunden der typisch weißen Dörfer abseits vom Massentourismus ein.

- **Unterkunft** Landh./Pool/2-6 Pers, Landh./ohne Pool/2-4 Pers, Dorfh./2-6 Pers, Terrassen, Garten, Grill, Kamin, Heiz., TV, DVD, etc.
- **Verpflegung** Selbstversorgung
- **Preise** Landh./Pool ab 60 €/Ü/,Landh./ohne Pool/ab 40 €/Ü, Dorfh. ab 50 €/Ü
- **Sonstiges** kinderfreundlich, Haustiere n. Abspr., Obst aus Eigenanbau
- **Entfernungen** Einkaufen und Bus im Ort (Cutar) oder Benamargosa 6 km, Strand 18 km

# 9  Desert-Hearts-Inn

♀, trans. Ferienwohnung,
Wohnwagen, Campingplatz
in Murcia/Andalusien
Ganzjährig geöffnet

Susanne L. Flierl
C / Corazoncillo 27
E-30876 Ermita del Ramonete
Tel 0034-619-383 004
Mobil 0170-3040735
amazonen@t-online.de
www.desert-hearts.com
Deutsch, Span, Engl.
**Nächster größerer Ort**
Cartagena 45 km

**Flughafen** Almeria 170 km,
Alicante 160 km, Murcia 80 km
**Bahnhof** Mazarron 15 km

Die 100.000 qm gr. Finca mit Meerblick liegt zw. Mazarron (15 km im Westen) und Aguilas (20 km im Osten), in einem fast unbesiedelten Tal. Das Grundstück ist terrassiert, mit Pool. Weite Wanderungen und Klettertouren sind mögl.. Neben der Finca verläuft ein Rambla (ausgetr. Flussbett), das zum Meer führt.

- **Unterkunft** Mehrbettzi./Bad/Du/WC, Zeltpl. /WC/2 Gem.bäder, Wohnwagen
- **Verpflegung** Selbstvers., Frühst, VP, veg. mögl.
- **Preise** Haus max. 4 Pers. 38 €/Tag, Wohnw. 18 €/Tag
- **Sonstiges** Jg. erlaubt, Haustiere erlaubt, Hund vor Ort, Rauchen in spez. Ber. erlaubt, Parkpl. vorh., Liegewiese
- **Freizeit** Fahrräder, Motorboot/Wasserski (mit Kapitänin), Autos, Mountainbikes leihbar, Trekking, Wandern, Klettern, Schwimmen
- **Entfernungen** Einkaufen 2 km, Strand 7 km, Haltestelle nahebei

# Casa de la Luna 10

♀ **Apartments bei Soller/
Südwesten Mallorcas
Ganzjährig geöffnet**

Isolde Fiedler
Camino Son Sales 15
Postal: Apartado Correos 1
E-07100 Soller
Tel 0034-971-632821
Mobil 0034-609681832
kontakt@casa-de-la-luna.de
vallemallorca@wanadoo.es
www.casa-de-la-luna.de

Buchungen auch unter:
Barbara Meißner, Oldenburg
Tel. 0441-26773
oder 0441-7781734
babra.meissner@freenet.de

Deutsch, Span, Engl.

Casa de la Luna, die kleine Nachfolgerin vom Valle de la Luna, liegt inmitten eines ca. 3000 m² großen Grundstücks, in einer ruhigen Gegend zwischen Soller und Porto Soller. Direkter Ausgangspunkt für Wander- u. Spazierwege nach Porto Soller, Soller und Deya. Für fußmüde Señoras ist auch eine Bushaltestelle ganz in der Nähe. Beide Apartments befinden sich separat auf dem Grundstück – mit schönem Blick auf die Berge und das Tal von Soller. Für einen Ausgleich von Informationsdefiziten steht Satelliten-TV in beiden Apartments zur Verfügung. Señoras, die ihren Laptop mitnehmen wollen, können diesen an die zur Verfügung stehende W-LAN koppeln.

- **Unterkunft** 2 Ap., Liegewiese, Terrasse
- **Ausstattung** Sat-TV, W-LAN
- **Verpflegung** Selbstversorgung
- **Preise** HS 350 €/Woche/2 Frauen, NS 290 €/Woche/2 Frauen, je 35 € Endreinigung
- **Sonstiges** Jg. bis 8 J. erlaubt, Haustiere erlaubt, Hund, Katze, Pfauen, Hühner, Fasane vorhanden, allergikerinnengeeignet, behindertengerecht, Rauchen erlaubt, Parkplatz vorhanden, Fahrrad, Autovermietung möglich
- **Freizeit** Wandern, Schwimmen, Tauch-, Segel- u. Surfschule in Porto Soller, Bootsausflüge
- **Entfernungen** Einkaufen 0,5 km, Strand 1,5 km, Sehenswürdigkeiten 0,5-13 km, öffentlicher Nahverkehr 0,2-0,5 km

**Flughafen** Palma de Mallorca ca. 30 km
**Bahnhof** Soller 0,5 km
**Transfer** Airport mit Bus, Bahn bis Soller, Abholung vom Bahnhof, Transfer v. Airport 35 €,
Palma-Taxi ca. 45 €

# 11 Can Calindus

♀♂ **Privatzimmer
auf Mallorca
Ganzjährig geöffnet**

Vera Krüger
Cami de Can Coll No. 3
E-07100 Soller
Mallorca/Baleares
Tel./Fax 0034-971-633349
cancalindus@terra.es
www.soller-finca.de

Deutsch, Span.

**Flughafen**
Palma de Mallorca 25 km
**Bahnhof**
Soller 2 km
**Transfer/Abholen**
vom Flughafen 30 €

Can Calindus ist ein typisch mallorquinisches Natursteinhaus im nordwestlichen Teil Mallorcas. Die Zimmer sind liebevoll eingerichtet und verfügen über eine Klima- und Heizanlage. Im Garten unter Mandel-, Orangen- und Zitronenbäumen könnt Ihr Euch im Schatten entspannen oder Euch mit Blick auf die eindrucksvollen Berge der Sierra Tramuntana verlieren. Auf der Terrasse könnt Ihr in gemütlicher Atmosphäre den Tag langsam angehen oder ausklingen lassen. Direkt hinter der Finca beginnen Wanderwege für unternehmungslustige Frauen. In 15 Min. zu Fuß erreicht Ihr Soller, eine der schönsten Städte der vielseitigen Insel. Eine Masseurin bietet Fußreflexzonentherapie, Ganzkörper- und/oder Teilkörpermassage an.

- **Unterkunft** 1 DZ mit sep. EZ, Wohnraum/ Küche, Bad/WC, 1 DZ, Wohnraum/Küche, Du/WC, Kamin, 1 DZ, Wohnraum/Küche, Bad/WC, Terrasse
- **Verpflegung** Selbstversorgung
- **Preise** DZ 46-50 €, als EZ 35 €, zzgl. Endpauschale
- **Entfernungen** Einkaufen 2 km, Strand 4 km

# Hotel d'Interior Casal d'Artà 12

Das Hotel im Herzen von Artà bietet ein traditionelles Ambiente. Die Zi. haben Bad/WC/Fön, Heizung/Klimaanlage, SAT-TV, Minibar und Safe. Ein Frühstücksraum, ein gemütl. Aufenthaltsraum und die Dachterrasse stehen zur Verfügung. Artà ist ein sehr gay-freundliches Pflaster. Beliebte Gay- & FKK-Strände sind je ca. 6-8 km vom Hotel entfernt. Weitere Infos auf unserer Website.

- **Unterkunft** 2 EZ, 6 DZ Bad/Du/WC, Zustellbett, Familienzi. (2 DZ/Bad), Gr. bis 16 Pers.
- **Verpflegung** Frühstück 6 €/Pers.
- **Preise** EZ 48 €/Ü, DZ 86 €/Ü
- **Sonstiges** allergikerinnengeeignet, Haustiere erlaubt, Rauchen in spez. Ber., Dachterrasse, Sonnenliegen, kostenlose Parkmögl.
- **Entfernungen** Einkaufen 2 Min., Rad-, Wanderweg, Baden 6-10 km, Haltestelle ca. 500 m

♀♂ **Hotel im Nordosten Mallorcas**
**Ganzjährig geöffnet**

Natascha Koch, Elke Stickel
Calle Rafael Blanes No. 19
E-07570 Artà – Mallorca
Tel./Fax 0034-971-829163
Mobil 0034-636317909
info@casaldarta.de
www.casaldarta.de
Deutsch, Span., Engl.
**Nächster größerer Ort**
Cala Ratjada 8 km
**Flughafen** Palma 68 km
**Bahnhof** Manacor 16 km

# Villa – Arco – Iris 13

Das neu erbaute Haus liegt auf einem gepflegten, subtropisch bepflanzten Gartengrundstück am Rande einer kleinen ländlichen Ansiedlung privater Einfamilienhäuser. Es verfügt über zwei geschmackvoll eingerichtete Apartments. Die Besitzerinnen wohnen ebenfalls im Haus. Leihwagen empfehlenswert.

- **Unterkunft** 2 Ap. mit Bad/Du/WC/Küchenz. für max. 4 Pers., SAT-TV, DVD, Heizung
- **Verpflegung** Selbstversorgung
- **Preise** 26 €/Tag/1 Pers., 20 €/Tag/2 Pers., inkl. Transfer Flugh.,
- **Sonstiges** Jg. bis 14 J., Haustiere erlaubt, Hund u. Katze vorh., Rauchber., Parkplatz vorh.,
- **Freizeit** Strand, Wandern, Mountainbiking, Gleitschirmfliegen, Tauchen, Reiten,
- **Entfernungen** Einkaufen 1 km, Sehensw. ab 2 km, Strand 5 km, Haltestelle 200 m

♀, **trans, Apartments, Ferienhaus auf La Palma**
**Ganzjährig geöffnet**

Iris Mentz und Petra Weber
C / Corazoncillo 27
E-38750 El Paso / La Palma
Tel 0034-661-780181
Mobil 0034-627-791050
finde_deinen_weg@hotmail.de
Villa-Arcoiris@web.de
www.villa-arco-iris.de
Buchung nur über Internet
Deutsch, Span, Engl.
**Nächster größerer Ort**
El Paso 5 km
**Flughafen** 20 km

# 14  Casa Monedi

♀ **Ferienzimmer
auf La Palma
Ganzjährig geöffnet**

Edieth Kinder
Callejón de la Gata 59
Todoque
E-38760 Los Llanos
La Palma
Tel./Fax 0034-922-401933
wandern@naturaktiva.de
www.naturaktiva.de

Span., Engl., Deutsch

**Nächster größerer Ort**
Los Llanos 3 km
**Flughafen**
Santa Cruz de La Palma
26 km
**Transfer/Abholen**
Vom Flughafen möglich
(30 €)

La Palma ist die grünste der kanarischen Inseln, ein „Natur-Paradies" mit fruchtbaren
Tälern, hohen Bergen (2.426 m), bizarren
Vulkanlandschaften, schönen kleinen Bade-
stränden und üppiger Vegetation. Eine atemberaubende Ur-Landschaft, die entdeckt werden möchte: leuchtendgrüne Kiefern- und
Lorbeerwälder, wilde, tiefe Schluchten und ein
Nationalpark mit Quellen, Flüssen und Wasser-
fällen. Das kleine Haus liegt auf der sonnenrei-
chen Westseite, sehr ruhig, mit freiem Meer-
und Bergblick und trotzdem zentral zum 500 m
entfernten Ort. Der Bus benötigt nur 10 Min.
zu den Stränden sowie in die hübsche Stadt
Los Llanos, die zum Bummeln und Shoppen
einlädt. Wanderungen, Mountainbike-Touren,
Reit-Ausflüge, Inselrundfahrten, medizin. Massagen, Breuss-Dorn-Methode, Qi-Gong und
vieles mehr wird Euch bei Edieth geboten.

- **Unterkunft** 1 DZ m. Du/WC, 1 DZ u.1 EZ m.
  gemeinsamer Du/WC, Aufenthaltsraum,
  Süd/West-Garten-Terrassen, Pergola
- **Verpflegung** Selbstversorgung,
  Küchenbenutzung, Frühstück möglich
- **Preise** DZ 20 €/Ü/Frau, EZ 25-30 €,
  Endreinigung=Tagessatz, Mietauto ab
  20 €/Tag inkl. Vollkasko
- **Freizeit** Wanderungen, Mountainbike, Reiten
- **Entfernungen** Einkaufen, Restaurants, Bars
  und Bus im Ort 500 m, Badestrände 3 km

# ... AUF LA PALMA UND IN SPANIEN

→ In Kooperation mit Casa Monedi auf La Palma führen wir seit vielen Jahren abwechslungsreiche Wanderungen mit kleinen Gruppen in einer dramatisch schönen Landschaft und mit einer ortskundigen und kompetenten Wanderleiterin durch.

Vulkanische Berglandschaft, grüne Kiefern- und Lorbeerwälder, Bananenplantagen, schwarzer Sandstrand, Meeresbrandung – La Palma, die Insel des ewigen Frühlings hat viele Gesichter. Für Naturliebhaberinnen bieten sich phantastische Möglichkeiten, den Urlaub zu verbringen: Wandern, Sonnen, Baden, das Kennenlernen der kanarischen Lebensweise und die wohl üppigste Blumenpracht der Kanaren. Ein besonderer Tagesausflug führt Euch zu den Höhlen der Guanchen, zum ethnographischen Informationszentrum und zu den legendären Drachenbäumen, ein anderer zum jüngsten Vulkan Teneguia....

Nach den Fahrten und Wanderungen ist Picknicken unterwegs, manchmal auch Baden und Sonnen in wildromantischen Buchten angesagt. Und da frau nach all den Ausflügen und Wanderungen sicherlich Appetit auf die kulinarische Seite La Palmas bekommen hat, führt Euch Edieth im Anschluss an die Touren in verschiedene, kanarische Restaurants zum gemeinsamen Abendessen.

**Andere Frauen-Unterwegs-Reisen führen Euch zum Wandern und Baden auf die benachbarten Inseln Lanzarote und La Graciosa sowie quer durch das spanische Festland:** zur Bade- und Kulturreise in Andalusien, zur Entdeckungstour durch Guadalajara, zum Städtetrip nach Madrid und Toledo und zum genussvollen Wandern in der Sierra Nevada und in den Spanischen Pyrenäen.

**Aktuelle Termine und Preise könnt Ihr anfragen bei:**
Frauen Unterwegs –
Frauen Reisen
Potsdamer Str. 139
D-10783 Berlin
Tel. 030 - 215 10 22
reisen@frauenunterwegs.de
www.frauenunterwegs.de

# 15 Casa el Rosal

♀♂ **Ferienhaus/Gäste-
zimmer/Holzhaus auf
La Palma
Ganzjährig geöffnet**

Doris Zimmermann
El Rosal 4 / La Rosa
E-38750 El Paso
La Palma
Tel./Fax 0034-922-485619,
abends bevorzugt
Mobil 0034-678069040
sedzlapalma@telefonica.net

Deutsch, Span.

**Nächster größerer Ort**
El Paso 2 km
**Flughafen** Santa Cruz de
La Palma 20 km
**Transfer/Abholen**
Taxi 27 €,
Abholservice 13,50 €

Auf der sonnigen Westseite von La Palma vermieten wir eine liebevoll restaurierte Finca,
sehr ruhig in herrlicher Natur, dennoch sehr
zentral. Wir wohnen mit auf dem Grundstück
und stehen für Fragen und Tipps gerne zur
Verfügung. Ein kl. Holzhaus mit Küche u. Bad
bieten wir alleinreisenden Frauen an. Die herr-
liche Natur La Palmas mit unzähligen Wandermögl., verschlafene Dörfer, schroffe Steilküs-
ten, Schluchten, erloschene Vulkane usw. laden zur Erkundung ein. In den kl. Städten
kann man herrlich bummeln, Cafés besuchen
und das südländische Treiben beobachten.

- **Unterkunft** 2 Schlafzi./Bad/Du/WC, Küchen-
/Essbereich, Wohnzi.
- **Ausstattung** SAT-TV, CD-Spieler, Innenhof,
Terrassen m. Sitzmöbeln u. Sonnenliegen
- **Verpflegung** Selbstversorgung
- **Preise** Fe.haus 39 €/Ü/1-2 Pers., 44 €/Ü/3
Pers., 49 €/Ü/4 Pers., Endr. 35 €/2 Pers.,
5 € j. weit. Pers., Holzhaus 19 €/Tag/Pers.,
24 €/Tag/2 Pers., Endr. 19-24€
- **Sonstiges** Haustiere vor Ort, n. Abspr. er-
laubt, Rauchen draußen, Parkpl. vorh.
- **Freizeit** Wandern, Bootsfahrten, Tauchen,
Baden, Mountainbiking
- **Entfernungen** Dorfladen 500 m, Geschäfte
2 km, Strand 12 km, Bus 10 Min.

♀♂ **Apartment und Privatzimmer auf Lanzarote
Ganzjährig geöffnet**

Bettina Bork
C / San Juan
E-35520 Haria, Lanzarote
Tel. 0034-928-835318
Mobil 0034-618-309 862
Fax 0034-928-835318 (nur
mit Voranruf-Umstellung)
artedeobra@gmx.net
www.artedeobra.com

Span., Engl., Deutsch

Haria, das Hauptdorf des Nordens, im Tal der 1000 Palmen, Ausdruck der Fruchtbarkeit und des respektvollen Umgangs mit der Natur. Arte de Obra ist ein kl. Kulturzentrum, gegründet u. erbaut von der Schülerin Cesar Manriques. Ein altes herrschaftliches Haus und ein Bauernhaus wurden restauriert, um dem Besucher das wirkliche Flair der Insel mitzuteilen. Zahlreiche Freizeitmögl. bieten sich in den Gem.zentren der Bevölkerung mit Sehensw. wie einem Kakteengarten, unterirdischen Höhlen, Wanderungen in die Naturschutzgebiete. Wir geben gerne Tipps und Informationen zur Insel, gemeinsame Ausflüge sind möglich.

- **Unterkunft** 2 DZ und 1 EZ (mit gemeins. Badnutzung), 3 Ap., Terrassen, Balkon, Garten
- **Ausstattung** Allergiebettwäsche, Qualitätsmatr., Handtücher, Kaffeem., TV, CD-Player, Waschservice
- **Verpflegung** Selbstversorgung
- **Preise** EZ 22 €/Ü/Bad, DZ 25 €/Ü/Bad/2 Pers., 30 € Grundrein., 2 Ap. je 40 €/Ü/2 Pers., 1 Ap. 55 €/Ü/3 Pers., je 60 € Grundrein.
- **Sonstiges** Haustiere vorh. u. erl., Rauchen in spez. Bereichen, Parkpl. vorh.
- **Freizeit** Tauchkurs, Dorffeste
- **Entfernungen** Einkaufen 3 Min., 10 Min., Strand 10 Min. (Auto), Haltestelle 2 Min. bzw 10 Min. zu Fuß

**Flughafen**
Arrecife de Lanzarote
25 km
**Transfer**
Abholung nach Absprache
20 €, max. 3 Pers.

# 17 Lanzarote Guesthouse

♀♂, trans, Privatzimmer
auf Lanzarote
**Ganzjährig geöffnet**

Ariane Hinterberg
Calle Timanfaya 74
E-35 550 San Bartolomé
Tel 0034-928-52 00 71
Mobil 0034-639-43 80 18
lanzaguest@yahoo.de
www.lanzarote-guesthouse.com
Deutsch, Span, Engl.

**Nächster größerer Ort**
San Bartolomé ca. 5 km
**Flughafen** Arrecife 15 km
**Transfer**
vom Flughafen inklusive

Das Gästehaus, liebevoll renov. Bodega, liegt im Weinanbaugebiet mit traumhafter Aussicht. Es ist aus Lavagestein erbaut und bietet neben einer einzigart. Wohnatmosphäre ein gesundes Raumklima. Die Räume sind individuell und im persönlichen Stil mit viel Liebe zum Detail gestaltet. Das Konzept der Besitzerin lautet "Urlaub in Gesellschaft", sie lebt mit im Gästehaus.

- **Unterkunft** 1 EZ, 1 DZ/Gem.bad/WC, Terrasse, Garten, Patio
- **Verpflegung** Frühstück, HP, VP mögl. (auch veg., vegan)
- **Preise** 60 €/Ü/Pers., Mahlzeiten 10-15 €
- **Sonstiges** allergik.geeignet (außer Katzenh.), Haustiere, Rauchen nicht erlaubt, Parkpl. vorh.
- **Freizeit** Wandern, Windsurfen, Wellenreiten, Tauchen, Sport, Kunst, Kultur
- **Entfernungen** Einkaufen 6 km, Strand 15 km

# 18 Casa Miramas

♀♂, trans, Apartment
auf El Hierro/Kanaren
**Ganzjährig geöffnet**

Gaby Schaad
Pozo de la Salud,
88 El Matorral
E-38911 Frontera El Hierro
Tel. 0034-626-259986
Mobil 0034-699627193
beategaby@yahoo.de
Deutsch, Span, Engl., Franz.
**Flughafen** Valverde ca. 23 km
**Hafen** Puerto Estaca ca. 26 km
**Transfer** kostenfrei

El Hierro, kleinste der Kanaren, bietet vielf. Landschaften und eignet sich für alle Naturliebenden. Wandern durch atemberaubende Landschaften, Baden in Meeresschwimmbecken oder die Seele baumeln lassen. Unsere kl. Finca liegt im Tal El Golfo/Charco Azul und bietet einen Panoramablick auf Atlantik und Berge.

- **Unterkunft** Ap./1-2 Pers., ca. 23 qm, Wohn-/Schlafzi./Küchenz./Bad, TV, Terrasse
- **Verpflegung** Selbstversorgung
- **Preise** 30 €/Ü/1 Pers., 210 €/Wo/1 Pers., 40 €/Ü/2 Pers., 280 €/Wo/2 Pers., Endr. 30 €
- **Sonstiges** rauchfrei, Rauchen draußen, Hund vor Ort, Fahrräder, Parkpl. vorh., Mietauto kann org. werden, Mitfahrgel. für Einkauf, Ausgangsp. f. Wanderungen, Sprachkurse
- **Entfernungen** Einkaufen/Strand 1 km

♀♂ **Ferien- und Seminar-
zentrum im grünen
Norden Teneriffas
Ganzjährig geöffnet**

Petra Klein
Camino Jagre 11
E-38370 La Matanza
Teneriffa
Tel. 0034-922-579161
Fax 0034-922-579162
Petra.Klein@Jardin-Mariposa.com
www.Jardin-Mariposa.com
www.tanztherapie.com
www.JardindelaVida.com

Der Schmetterlingsgarten „Jardín Mariposa"
liegt in traumhafter Alleinlage an der Steilküste in einem Naturschutzgebiet im fruchtbaren Norden Teneriffas inmitten subtropischer
Vegetation. Er ist eine Oase der Ruhe und
Kraft mit herrlichem Panoramablick auf die
unendliche Weite des Atlantiks und die faszi-
nierende Bergwelt des Pico del Teide. Ein Be-
gegnungsort liebevoller Menschen für leben-
dige Erfahrungen mit sich selbst und anderen
und ein Ort der Besinnung. Es gibt sowohl
Raum für Stille und Rückzug im Sinne eines
Retreat (4000 qm großer subtropischer Medi-
tations-Paradiesgarten) als auch für inspirie-
renden Austausch und tiefgehende Gespräche
– eine gelungene Verbindung von Ferienoase
mit Wohlfühlprogramm und Seminarzentrum.

**Nächster größerer Ort**
Puerto de la Cruz 8 km
**Flughafen**
Teneriffa Nord 15 km
**Transfer/Abholen**
Taxi vom Flughafen
Nord: 20 €, Süd: 63 €,
Bus ca. 3-10 €
bzw. Mietwagen

- **Unterkunft** 3 Ap. je 2 Pers., 6 EZ, 6 DZ, 1 Drei-
Bett-Zi., Bad/Du/WC, Terrasse, Balkon, 6 Bam-
bushütten (ca. 5 qm). Aufenthaltsr., 110 qm
Seminarr., Sauna, Massager., Bibliothek, Pool
- **Verpflegung** Frühstück, auf Wunsch vegeta-
risches Essen
- **Preise** EZ 51 €/ÜF, DZ 46 €/ÜF/Pers., MZ auf
Anfrage, Ap.: 46 €/ÜF/Pers. und 52 € Ap.-
Zuschlag/Woche, Bambushütte 29 €/ÜF
- **Freizeit** Massagen u.a.
- **Entfernungen** Einkaufen 10 Min., Bus 30
Min., Strand 8 km

# Barcelona

• **Libreria Cómplices**
Frauenbuchladen
Carrer Cervantes 2
E-8002 Barcelona
Tel. 0034-93-4127283
www.libreriacomplices.com
Mo-Fr 10.30-20 h,
Sa 12-20 h

• **Pròleg Libreria de les Dones**
Frauenbuchladen
c/Dagueria 13
E-8002 Barcelona
Tel. 0034-93-3192425
www.llibreriaproleg.com
Mo-Sa 17-20 h,

• **Free Girls**
Bar, Club ♀♀
c/ Mariy Cubí 4
E-8021 Barcelona
tgl. 22-2 h

• **Daniel's,** Bar ♀♀
Plaça Cardona 7-8
E-8021 Barcelona
Tel. 0034-93-2099978

• **Caligula,** Bar ♀♀ ♂♂
c/Consell de Cent 257
E-8010 Barcelona
Tel. 0034-93-4514892

• **La Rosa,** Bar ♀
c/ Brusi 39
E-8006 Barcelona
Tel. 0034-93-4146166
Tgl. 22-3 h

• **Aire-Bar** ♀♀ ♂♂
Valencia 236
E-8007 Barcelona
Tel. 0034-93-4518462
www.arenadisco.com
Do-Sa 23-3 h, So ab 19 h
(women only)

• **Mandarina**
Bar ♀♀ ♂♂
Diputación 157
E-8011 Barcelona
Tel. 0034-93-3233393
Tgl. 17-3 h

• **Punto BCN**
Bar ♀♀ ♂♂
Muntaner 63
E-8011 Barcelona
Tel. 0034-93-4536123
www.arenadisco.com
Tgl. 18-2.30 h

• **Quizás**
Bar, Club ♀♀ ♂♂
Diputación 161
E-8011 Barcelona
Tel. 0034-93-4515258
Tgl. 9–20 h

• **Zafron**
Bar, Club ♀♀ ♂♂
Casanova 68
E-8011 Barcelona
Tel. 0034-93-3236607
Mo-So 10-3h

• **Arena Club**
Club ♀♀ ♂♂
Balmes 32
E-8007 Barcelona
Tel. 0034-93-4878342
www.arenadisco.com
Mo-Sa 24-5 h, So 19-5 h

• **Café de la Calle** ♀♀ ♂♂
c/ Carrer de Vic 11
E-8006 Barcelona
Tel. 0034-93-2183863
www.barcelonaconnect.com
Di-Sa 18-2.30 h

• **Bahia** ♀♀ ♂♂
Carrer de Seneca 12
E- Barcelona
www.barcelonaconnect.com
geöffnet bis 2.30h

# Córdoba

• **Milenium**
Disco ♀♀ ♂♂
Alfaros 33
E-14001 Córdoba
Tel. 0034-95-7475865

• **La Bóveda**
Disco ♀♀ ♂♂
Alfaros 33
E-14001 Córdoba

# Granada

• **La Sabanilla**
Bar ♀♀ ♂♂
San Sebastian 14
E- Granada

• **La Sal,** Bar ♀♀ ♂♂
Santa Paula 11
E-Granada
Tgl. bis 4 h

• **Metro**
Disco ♀♀ ♂♂
C. Frailes 5
E-Granada
www.patroc.de/
granada/all.html
Tgl. 24-6 h, Fr+Sa bis 7 h

• **Opera 4 House Club**
Disco ♀♀ ♂♂
Avenida Constitución 18
E-Granada
www.opera4club.com
Do 24-6 h, Fr+Sa 24-7 h

## Madrid

• **Libreria de mujeres**
Frauenbuchladen
San Cristóbal 17
E-28012 Madrid
Tel. 0034-915-217043
www.unapalabraotra.org

• **La Madriguera**
Buchhandl., Café ♀♀ ♂♂
Santiago 3
E-28013 Madrid
Tel. 0034-91-5593345

• **Libreria Berkana**
Buchhandl. ♀♀ ♂♂
Calle Gravina 11
E-28004 Madrid
Tel. 0034-91-5321393

• **Mama Ines**
Café ♀♀ ♂♂
C. de Hortaleza 22
E-28012 Madrid
Tgl. 10-2 h

• **Olivia,** Bar ♀♀
Calle De San
Bartolomé, 16
E-28004 Madrid

• **Medea**
Disco, Club ♀
Cabezza 33
E-28012 Madrid
Tel. 0034-91-3693302
Di-So 24-8 h

• **La Lupe**
Café, Disco ♀♀ ♂♂
Hortaleza, 51
E-28012 Madrid
Tel. 0034-91-5275019
tgl. 17-3 h

• **La Bohemia**
Bar ♀♀ ♂♂
Plaza de Chueca 10
E-28004 Madrid
Tgl. geöffnet

• **Truco**
Bar, Disco ♀♀ (♂♂)
Calle de Gravina 10
E-28004 Madrid
Di-Sa ab 16/17 h

## Sevilla

• **Amaranta**
Buchladen mit
Frauensortiment
c/ Perez Galdòs 24
(Plaza de la Alfalfa)

• **Triángulo,** Bar ♀♀
Paeso de Contadero
E-41081 Sevilla

• **Isbili ya,** Bar ♀♀ ♂♂
Paseo Colón 2
E-41002 Sevilla
Tel. 0034-95-4216404
Mo-Do 19-4 h,
Fr-So 20-5 h

## Valencia

• **Casa de la Dona**
Frauenzentrum
Pie de la Cruz 10
E-46090 Valencia
Tel. 0034-96-3917270
www.artefinal.com/20
anys/casacast.html

• **Dona Dona,** Bar
♀♀ Calle Del Portal
De Valldigna, 2
E-46003 Valencia
Tel. 0034-96-3911838
Mi-Sa ab 20-? h

• **Som Com Som**
Calle De Cádiz, 75
E-46006 Valencia
Tel. 0034-96-3326648
Tgl. 20-? h

## Zaragoza

• **Libreria de mujeres**
Frauenbuchladen
San Juan de la Cruz 4
E-50006 Zaragoza
Tel. 0034-976-552652
Mo-Fr 10-14 h und
17-20 h, Sa 10-13.30 h

## Mallorca, Artá

• **Café Parisien**
C/Ciutat 18, E-07570 Arta
Tel. 0039-971-855440
www.cafe-parisien.com

• **Café Pedra i flor**
Café, Blumenladen,
C/d'Antoni Blanes 4
E-07570 Arta
Tel. 0034-971-829536
Mo-Sa 10-13+16.30-20 h

• **Gay- & FKK Strände**
Cala Torta, Cala
Mesquida oder Cala
E`stancia

## 20 Quinta da Fortuna

♀♂ **Ferienzimmer,
Wohnwagen, Camping
an der Algarve
Ganzjährig geöffnet**

Sabine Kranich
Sitio da Fornalha, Ap. 95
P-8700-906 Moncarapacho
Tel./Fax 00351-289-792190
Mobil 00351-962-938510
didisally@mail.telepac.pt
www.geocities.com/
quintadafortuna
Deutsch, Engl., Port.
**Nächster größerer Ort**
Moncarapacho 2 km,
Olhao 10 km
**Flughafen** Faro 25 km
**Bahnhof** Olhao 10 km

Unsere kleine Farm liegt nordöstlich von Faro, abseits vom Touristenrummel in leicht erhöhter, hügliger Landschaft mit wunderbarem Rundblick auf Meer und Algarve. Mit Fahrrad oder Mietwagen kann frau/man das ursprüngliche portugiesische Leben erkunden oder zum Sandstrand fahren. Auf unserer Farm leben viele Tiere: Hunde, Katzen, Pferde, Hühner und wir haben eine kl. biolog. Baumschule.

• **Unterkunft** 2 DZ, auch als EZ, 1 MZ, Gem.bäder, 4 Zeltpl., 1 Wohnw., Aufenthaltsraum, Balkon, Terrasse, Sonnendach
• **Verpflegung** Selbstvers., Früh. a. Wunsch 5 €
• **Preise** DZ 15-20 €/Pers., MZ 10 €/Pers., EZ-Zuschl., Zelt 5 €/Pers., Wohnw. 10 €/Pers.
• **Sonstiges** rauchfreie Zi., keine Haustiere
• **Freizeit** Reitmöglichkeit nach Absprache, Wandern, Schwimmen, Radfahren
• **Entfernungen** Einkaufen 2 km, Bus 2 km, Dorfstrand 8 km

♀♂ **Ferienwohnungen
an der Südwestküste
Portugals
Ganzjährig geöffnet**

Ute Gerhardt
Apt. 4424
P-7630-055 Cavaleiro
Tel. 00351-283-647357
Fax 00351-283-647167
moitanova@mail.telepac.pt
www.moita-nova.de

Deutsch, Engl., Franz., Port.

Monte da Moita Nova ist ein Agro-Tourismus-Betrieb mit vier Ferienwohnungen und Pferdehaltung. Der Hof, der seit 1990 existiert, liegt an der Südwestküste Portugals (Provinz Alentejo), mitten im schönen Naturschutzgebiet Costa Vicentina. Monte da Moita Nova bietet Urlaubsmöglichkeiten für alle, die in intakter Naturlandschaft am Meer Erholung suchen. Für ReiterInnen stehen acht Pferde zur Verfügung, außerdem gibt es Fahrräder, die Möglichkeit zu wandern und zahlreiche Strände. Für die Gäste steht ein Swimmingpool zur Verfügung. Der Monte, ein alentejanischer Bauernhof, besteht aus einem alten Haus mit zwei Ferienwohnungen und einem Gemeinschaftsraum, einem Neubau gleichen Stils mit ebenfalls zwei Ferienwohnungen sowie der Privatwohnung und Ställen.

**Nächster größerer Ort**
Odemira, Milfontes 20 km
**Flughafen** Faro 160 km,
Lissabon 200 km
**Bahnhof** Luzianas 40 Km
**Transfer/Abholen**
Bus 15-20 €, Mietwagen
ist empfehlenswert

- **Unterkunft** in Alleinlage, Ap. (bis 4 Pers.), Kamine, Bibliothek, Terrasse, Liegewiese
- **Verpflegung** Selbstversorgung
- **Preise** HS 495 €/Woche, VS 65 €/Tag
- **Sonstiges** Haustiere vorhanden, keine weiteren erwünscht
- **Freizeit** Reitunterricht, Ausritte, geführte Wanderungen, Physiotherapie, Massage und Yogagymnastik
- **Entfernungen** Einkaufen, Restaurant 1 km, Strand 300 m

# Lissabon

• **Clube Safo**
Frauenzentrum
Apartado, 9973
P-1911-701 Lissabon
Tel. 00351-960046617
www.clubesafo.com

• **Mania's Bar**
Bar ♀♀
Rua do Século, 127
P- 1200 Lissabon
Tel. 00351-213-424002
Mo-Do 18-2 h,
Fr-So 20-3 h

• **ILGA Portugal**
Rua São Lázaro, 88
P-1150-333 Lissabon
Tel. 00351-218-876 116
Infos zur Lesbenszene
Mi-Sa 16– 24 h

• **Portas Largas**
Bar, Club ♀♀ ♂♂
Rua da Atalaia, 105
P-1200 Lissabon
Tel. 00351-213466379
Tgl. 20-4 h

• **Sétimo Céu**
Club ♀♀ ♂♂
Travessa da Espera, 54
P-1200 Lissabon
Tel. 00351-213466471
Tgl. 22-2 h

• **Pastelaria Alsaciana**
Café ♀♀ ♂♂
Rua Escola
Politécnica, 88
P-1250 Lissabon
Tel. 00351-213963362

• **Brasileira do Chiado**
Café ♀♀ ♂♂
Rua Garrett, 120/122
P-1200 Lissabon
Tel. 00351-213469541
tgl. 8-22 h

• **Café no Chiado**
Café ♀♀ ♂♂
Largo do Picadeiro,
11/12
P-1200 Lissabon
Tel. 00351-213460501
So-Fr 10-1h

• **Memorial**
Disco ♀♀ ♂♂
Rua Gustavo de
Matos Sequeira, 42A
P-1200 Lissabon
Tel. 00351-213968891
Mo-Sa 23-4 h,
So 16-20 h

• **Baliza**
Bar ♀♀ ♂♂
Rua da Bica Duarte
Belo, 51A
P-1200 Lissabon
Tel. 00351-213478719
Mo-Fr 13-2 h,
Sa 16-2 h

• **A Sevilhana**
Bar ♀♀ ♂♂
Rua da Palmeira, 33A
P-1200 Lissabon
Tel. 00351-213411572
Di-Sa 18-2 h

• **Primas Bar**
Bar ♀♀
Rua Da Atalaia,
154/156
P-1200 Lisbon
Tel. 00351-213425925
Tgl. 22-4 h

• **Tejo**
Bar ♀♀ ♂♂
Beco Vigário, 1A
P-1200 Lissabon
Tel. 00351-218868878
Tgl. 22-2 h

## Porto

• **Moinho de Vento**
Club ♀♀ ♂♂
Rua Sá Noronha, 78
P-4000 Porto
Tel. 00351-222056883
Mi+Do 23-4 h
Fr+Sa 23-6 h

• **Gemini's**
Disco ♀♀ ♂♂
Conde de Vizela, 78/80
P-Porto
Tel. 00351-223320136
Di-Fr 22-2 h,
Sa+So 22-4 h

• **Indústria**
Disco ♀♀ ♂♂
Av. Brasil, 843
P-4150-145 Porto
Tel. 00351-226176806
www.industriaporto.com
Tgl. 24-6 h

• **Real Feitoria**
Bar ♀♀ ♂♂
R. Infante D.
Henrique, 20
P-Porto
Tel. 00351-222039216
Mo-Sa 21-4 h

• **Piccadilly Pub**
Pub ♀♀ ♂♂
Rua de S. Vitor, 156-A
P-Porto
http://br.geocities.com/
piccadillypub03

escuela montalbán
GRANADA
• Spanisch • Spaans • Español • Espagnol • Spanish • Espanol

Español en Andalucía
Spanischkurse in Granada seit 1986

C/ Conde Cifuentes, 11
18005 Granada, Spanien
Fax/Tel.: +34 958 256875

Instituto Cervantes
Centro Acreditado

www.escuela-montalban.com

**GRIECHENLAND (℺ 0030 / ...), TÜRKEI (℺ 0090 / ...)**

1 Antiopi
2 Fengari
3 Villa Doris
4 Alekos Farma
5 Cassiopeia's
6 Club Turkuaz
7 Kassiopeia

# 1 Antiopi

♀ **Frauenhotel/Pension
auf Lesbos
April-Oktober**

Teresa Maragou
GR-Skala Eressos/Lesbos
Tel./Fax 0030-22530-53311
Mobil 0030-6946158862
info@antiopihotel.com
www.antiopihotel.com

Griech., Engl., (Deutsch)

**Flughafen**
Mytilene 90 km
**Transfer/Abholen**
Taxi 90 km 70 €,
Bus 1x tägl. 10 €

Seit 1997 gibt es zum ersten Mal in Skala Eressos eine Pension nur für Frauen – Antiopi, mitten in der Natur und nur 7 Min. zu Fuß zum Meer. Auf unseren Dachterrassen könnt Ihr den Sonnenuntergang genießen oder den Voll-mond betrachten. Skala Eressos, der schönste Urlaubsort auf Lesbos, beeinflusst auch heute immer noch die Frauen, die Liebe ohne Grenzen, die Erotik und die Freiheit, die die Erde ausstrahlt zu genießen. Wir bieten Euch guten Service in angenehmer Atmosphäre. Antiopi hat einen Whirlpool unter freiem Him-mel. Alle Zimmer wurden 2003 neu renoviert.

- **Unterkunft** 3 EZ, 15 DZ, mit Bad/WC, Räume für Gruppen und Workshops, Aufenthaltsraum, Dachterrassen, Jacuzzi
- **Verpflegung** Snack-Bar, BBQ
- **Preise** EZ ab 35 €, DZ ab 45 €, jeweils inkl. reichhaltigem Frühstücksbuffet
- **Sonstiges** kinderfreundlich, Jungen bis 12 Jahre, Haustiere zugelassen
- **Entfernungen** Einkaufen/Ort 500 m, Strand 700 m

# Fengari 2

♀ **Frauenpension**
**im Norden**
**Ganzjährig geöffnet**

Ava Siebert und Sigi Haase
Anaxos
GR- Anaxos/Lesbos
Mobil 0030-6976508123
(11-16 Uhr)
info@fengari.org
www.fengari.org

Deutsch, Niederl., Engl.
Franz., Schwed., Span.

Die neue Frauenpension Fengari (Mondschein) liegt nur 300 m entfernt von einem der schönsten Kiesel-Sandstrände im Norden der Insel. Wir bieten 5 nett eingerichtete Studios mit bes. Ambiente und gut eingerichteten Küchen. Anaxos ist ein kleiner Ort mit viel Natur und Tavernen am Meer. Am kristallklaren Meer können Liegen m. Sonnenschirm gemietet werden. Wir bieten Massagen, Jin Shin Jyutsu, Klangschalen-Behandl. u.a. im Haus. Sehensw. wie Heiße Heilquelle in Eftalou, Kirche in Petra, Wanderung zu den Wassermühlen von Petra, versteinerter Wald, div. Klöster und alte Burgen in der Umgebung sind gut per PKW erreichbar.

- **Unterkunft** 5 Studios mit 2 Betten (als EZ/DZ), kl Bad mit Du/WC, Kitchenette, Balkon
- **Verpflegung** Selbstversorgung
- **Preise** EZ 20-35 €/Ü, DZ 25-40 €/Ü
- **Freizeit** Sand/Kiesstrand 250 m entfernt, Bootsverleih, Eseltouren, Heilquelle in Eftalou (ca. 8 km), Wanderwege, Ausleihe von Mountainbikes in Petra
- **Sonstiges** Jg. bis 12 J., 2 Hunde vor Ort, Haustiere erlaubt, Nichtraucherort, Rauchen auf dem Balkon erlaubt, Auto- und Motorroller-Vermietung in Anaxos
- **Entfernung** Einkaufen 300 m, Strand 250 m, Haltestelle 200 m

**Nächster größerer Ort**
Petra 2,5 km,
Molivos 5 km
**Flughafen**
Mytilini 60 km
**Transfer/Abholen**
40 € pro Fahrt

# 3  Villa Doris auf Korfu

**♀♂ Apartments
auf Korfu
Ganzjährig geöffnet**

Doris Richter
Vranganiotika Kerkyras
GR-49080 Lefkimmi, Korfu
Buchungen nur über:
Doris Richter
Gardeschützenweg 138
D-12203 Berlin
Tel./Fax 030-8332549
www.griechenlandreise.de
/doris

Deutsch, Griechisch

**Flughafen**
Korfu-Stadt 26 km
**Nächster größerer Ort**
Moraitika 8 km,
Korfu-Stadt 26 km
**Transfer/Abholen**
Vom Flughafen und
Fährhafen nach Absprache

Die Villa Doris liegt an der Westküste Korfus, abseits vom Tourismus, in idyllischer Lage außerhalb des Dorfes. Von dort aus habt Ihr einen wunderschönen Ausblick über eine Lagune auf das Ionische Meer, die Insel Paxos, eine beeindruckende Strandlandschaft mit hohen Dünen und Wacholder, grüne Hügel und den Badeort Aghios Georgios. Die Villa Doris ist im neuen korfiotischen Landhausstil erbaut und von einem 7000 qm großen Naturgarten umgeben. Jede Wohnung besitzt einen überdachten Balkon. Die Apartments können auch komplett für eine Gruppe von 10-15 Personen angemietet werden.

- **Unterkunft** 5 Ap., je 2 Zi., Duschbad, Küche, Balkon - Aufenthaltsraum für Gruppen mit Küche inkl. Geschirrspüler, Zentralheizung, Liegewiese
- **Verpflegung** Selbstversorgung, Anlieferung von Lebensmitteln möglich
- **Preise** 225-420 €/Woche/1-2 Pers., 255-460 €/Woche/3 Pers., 285-500 €/Woche/ 4-5 Pers., 20-26 €/Woche/Kind
- **Freizeit** Fahrräder mietbar
- **Sonstiges** kinderfreundlich
- **Entfernung** Einkaufen 1,7 km, Strand 7 km, Ort 1,5 km

# Alekos Farma 4

♀♂ **Apartments**
**auf Kreta**
**Ganzjährig geöffnet**

Lisa Spillmann
Alekos Farma Almyrida
GR-73008 Vamos/Kreta
Tel. 0030-28250-31732
lisa@farma-almyrida.com
www.alekos-farma-
almyrida.com

Deutsch, Franz., Engl., Ital.,
Griech.

Alekos Farma liegt im Nordwesten Kretas, 700 m vom Meer entfernt, an der Bucht von Souda. Auf der etwas außerhalb des Ortes Almyrida im Grünen gelegenen Farm haben wir viele Nutz- und Haustiere, und der schöne Garten ist ideal für Kinder. Die wunderschöne Umgebung ist zum Wandern geeignet, gebadet werden kann bis Weihnachten.
Weitere Details entnehmen Sie bitte unserer Homepage.

- **Unterkunft** 6 DZ, 5 kleine Wohnungen im alten Haus (einfach), 10 Ap. im neuen Haus, Du/WC, Kochgelegenheit, Balkon, Aufenthaltsräume, Liegewiese, Terrasse, neues, großes Schwimmbad
- **Verpflegung** Selbstversorgung
- **Preise** altes Haus DZ 20-35 €, im neuen Haus DZ 30-40 €
- **Freizeit** geführte Wanderungen, Spinnen lernen
- **Sonstiges** NichtraucherInnen bevorzugt, teilweise behindertengerecht, Haustiere erlaubt und vorhanden
- **Entfernungen** Einkaufen 700 m, Strand 700 m, Bus nach Chaniá hält vor dem Flughafen Chaniá

**Nächster größerer Ort**
Chaniá 14 km
**Flughafen**
Chaniá 35 km
**Transfer/Abholen**
Taxi kann bestellt werden,
ca. 35 €

# 5 Cassiopeia´s

♀ **Frauenferienhaus
auf Kreta
März-November**

Franziska und Maria
Ag. Basileious
GR-74060 Mariou
Rethymnon, Kreta
Tel./Fax 0030-28320-31856
Mobil 0030-6945140962
Frauenferienhaus@
hotmail.com
www.Frauenferienhaus-
Kreta.de
Infos/Buchungen auch:
Maria Obermeier/München
Tel. 089-914729

Deutsch, Griech., Engl.

**Nächster größerer Ort**
Plakias 2 km
**Flughafen**
Rethymnon 30 km
**Transfer/Abholen**
Vom Flughafen mögl.
**Autovermittlung** mögl.

Urlaub auf der Insel der Göttin: Auf Kreta gab es vor circa 3.000 Jahren eine Kultur, die weiblich geprägt war. Im Tal der schlafenden Göttin, im Süden der Insel, haben wir heute wieder einen Platz für Frauen geschaffen. Cassiopeia´s liegt in wildromantischer Landschaft – hinter uns die Berge und vor uns das unendliche, in allen Blautönen schimmernde Meer (40 Min. Fußweg). Frühling und Herbst sind die beste Zeit, um die Vielfalt der Insel zu entdecken und auf den Spuren des Matriarchats zu wandern – vielleicht findet ja eine das sagenumwobene Labyrinth. Im Sommer macht eine Meeresbrise die Hitze erträglich. Mit einer Tauchlehrerin könnt Ihr die Unterwasserwelt Kretas entdecken und in den Nächten auf den Terrassen die Leichtigkeit und Energie eines Frauenortes spüren, mit bezauberndem Sternenhimmel für Eure Träume und Sternschnuppen für Eure Wünsche.

- **Unterkunft** 10 DZ/EZ, mit Terrassen und Meerblick, Heizung, Klimaanlage
- **Verpflegung** reichhaltiges Frühstücksbuffet
- **Preise** DZ 47 €/ÜF/Tag, EZ 32 €/ÜF/Tag ohne Terrasse, aber mit eigener Liegewiese, 35 € EZ mit Terrasse
- **Sonstiges** Haustiere zugelassen
- **Entfernungen** Einkaufen/Ort 200 m, Sandstrand 1,5 km

# Athen

• **Selena**
Frauenbuchladen
38 Sina
GR-Athen
Tel.0030-210-3638262

• **Amsterdam**
Restaurant ♀♀ ♂♂
21 Sina Street
GR-Athen
Tel.0030-210-3619593

• **Kafeneio Gynaikon**
Frauencafé ♀♀
Dimitras pedestrian str.
GR-Athen
So geschlossen

• **Tazz**
Café, Bar ♀♀ ♂♂
Nileos 9
GR-Athen/Thission

• **Group Therapy**
Bar ♀♀ ♂♂
Lepeniotoy 11
GR-Athen/Psyri area
Tel. 0030-210-3234977

• **Onar**
Club ♀♀ ♂♂
Elasidon 2/Piräus str.
GR_Athen/Gazi area
Tel. 0030-6938-820313
verdächtig viele
Frauen

• **Sodade**
Club ♀♀ ♂♂
10 Triptolemou Str.
GR-Athen
Tel. 0030-210-3468657
www.sodade.gr
Tgl. Mo-So ab 20 h

• **Montparnasse**
Restaurant ♀♀ ♂♂
32 Haritos Str.
GR-Athen

• **Grisgrago Café**
Café ♀♀ ♂♂
Odos Daidalou &
Aggios Gerona Street
GR-Athen
Mo-Sa 16-3 h

# Lesbos

• **The Tenth Muse**
Café ♀♀ ♂♂
Skala Eressou
GR-Lesvos
Tel.0030-22530-53287

# Mykonos

• **Kastro**
Restaurant ♀♀ ♂♂
Kastro-Viertel
GR-Mykonos
Tel. 0030- 0289-23072

• **Katrins**
Restaurant ♀♀ ♂♂
Odos Nikiou
GR-Mykonos
Mo-So 10-3 h

• **Chez Marias Garden**
Restaurant ♀♀ ♂♂
27 Kalogera St.
GR-Mykonos
Tel. 0030-289-27565,
27566

# 6 Club Turkuaz Garden Hotel

♀♂ **Hotel an der lykischen Küste**
**Geöffnet 1.4.-1.12.**

Zekeriya Can
Ciftlik-Koca Calis Pilaji
TR-48300 Fethiye -Mugla
Tel. 0090-252-6220606
Fax 0090-252-6220179
Mobil 0090-535-4926915
info@clubturkuaz.com
www.clubturkuaz.com

Deutsch, Türk., Engl.

**Nächster größerer Ort**
Dalaman 50 km
**Flughafen**
Dalaman 50 km
**Transfer**
nach Absprache

Unser 3-Sterne-Hotel mit großem Garten wurde 1996 eröffnet. Es liegt ruhig außerhalb von Fethiye, am Calis-Strand mit Swimmingpool (220 qm), Pool-Bar, Restaurant, Tennisplatz, Volleyballfeld, Minifootball, Billard, Tischtennis und einem Dartraum. Die Zimmer sind freundlich eingerichtet. Die Anlage (auf 8.200 qm großem Areal) ist ideal, um in Ruhe entspannte Ferien zu verbringen. Unser Hotel verfügt über einen gr. botanischen Garten, ein Konferenzzimmer mit Kamin, 2 Restaurants (offen und überdacht) mit 120 bzw. 150 Plätzen. Es bieten sich zahlreiche Möglichkeiten, historische Stätten in der Umgebung zu besichtigen, wie das Stadtzentrum von Fethiye.

- **Unterkunft** 49 Zi (EZ, DZ) mit 120 Betten
- **Ausstattung** Balkon, Klimaanlage, WC/Du, Telefon, Sat-TV
- **Preise** EZ 15-40 €/HP, DZ 20-55 €/HP, 3-Bett-Zi. 27-70 €/HP
- **Verpflegung** Halbpension (Frühstück und Abendessen mit offenem Buffet)
- **Freizeit** Fahrräder, Boote ausleihbar
- **Sonstiges** Parkplatz vorhanden
- **Entfernungen** Strand 300 m Fußweg, Fethiye Zentrum 7 km

# Kassiopeia 7

♀♂ **Pension an der türkischen Südküste**
**Ganzjährig geöffnet**

Jutta Höfling
cami arkasi 2, yali mah
TR-Side
Tel./Fax 0090-242-7534445
kassiopeia@superonline.com
www.pension-kassiopeia.de

Deutsch, Türk., Engl.

Kassiopeia ist eine gemütliche kleine Pension gehobenen Standards in einer ländlich ruhigen Gegend bei Side. Die acht liebevoll eingerichteten Zimmer haben alle Dusche/WC und einen separaten Balkon. Im Gemeinschaftsraum gibt es einen Bücher- und Spieleschrank und TV mit Deutsche-Welle-Empfang. Hier oder im bunten Garten bekommt Ihr Frühstück serviert. Eine kleine Wiese, ein Sittingpool und eine überdachte Sitzecke stehen Euch zur Verfügung. In unserem Viertel sind kleine Geschäfte und Restaurants, zum nächsten Strand sind es 15 Min. zu Fuß. Das lebhafte Zentrum Sides ist in 25 bis 30 Min. zu Fuß zu erreichen. Side liegt auf einer Halbinsel, umrahmt vom Mittelmeer und den im Winter schneebedeckten Gipfeln des Taurusgebirges. Die Reste der Jahrtausende alten Geschichte Sides werdet Ihr überall entdecken, und vom Athenetempel aus könnt Ihr die schönsten Sonnenuntergänge erleben. Ich lebe seit 1987 in Side und bin Euch bei der Urlaubsgestaltung gerne behilflich.

**Flughafen**
Antalya 75 km
**Bahnhof**
Manavgat 7 km

- **Unterkunft** 8 Zimmer mit Du/WC, Gemeinschaftsraum, Liegewiese, Terrasse
- **Preise** DZ 30 €/ÜF/2 Pers., Alleinreisende 18 €/ÜF/Person
- **Verpflegung** Frühstück, Getränke im Haus
- **Entfernungen** Einkaufen im Viertel, Strand 15 Min. Fußweg

# Ankara

• **Club Turuncu**
Club, Disco ♀♀ ♂♂
Tunus Cad 45/3
TR-Kavaklidere/Ankara
Tgl. 21-4 h

# Istanbul

• **Lambda Istanbul**
Informationszentrum
PK 162
TR-80050 Istanbul
Tel. 0090-212-2334966
www.lambdaistanbul.org
Sa ab 18.30 h
Schwulen- und
Lesbentreffpunkt

• **Backbahce** ♀♀ ♂♂
Soganci Sokak 7
TR-Taksim, Istanbul
Tel.0090-212-2432879
Fr, Sa 23-5 h
ein Bereich nur für
Lesben

• **Bigudi**
Club, Bar ♀♀
Istiklal Caddesi, Mis
Sokak, No 5 Kat 2
(2. Etage)
TR-Istanbul
Tgl. 12-2 h
einziger Club für
Lesben

• **CLUB 14**
Club ♀♀ ♂♂
Abdulhakhamit cad.
Belediye Dükkanlari,
No:14
TR-Taksim, Istanbul
Tel: 0090-212-2562121
Tgl. 24-4 h

• **5. KAT**
Café ♀♀ ♂♂
Siraselviler cad. Sok.
Soganci. No:7
TR-Taksim, Istanbul
Tel. 0090-212-2933774
Tgl. 18-2 h

• **g_LAB**
Disco ♀♀ ♂♂
Cumhuriyet Cad. 349/1
TR-Harbiye,Istanbul
Tgl. 22-4h

• **Han Café** ♀♀ ♂♂
Cumhuriyet Caddesi
Taksim Square
TR-Taksim, Istanbul
Mo-Sa 21-2 h

• **KAKTUS**
Café ♀♀ ♂♂
Istiklal cad. Imam
Adnan sok. 4 /
TR-Taksim, Istanbul
Tel. 0090-212-249 59 79
Viele Künstler

• **Mor Kedi**
Café ♀♀ ♂♂
Istikal Caddesi Imam
Adnan Sokak 9
TR-Taksim, Istanbul
Tgl. 10.30-24 h

• **Neo**
Disco ♀♀ ♂♂
Lamartin Cad. 40
TR-1 Taksim, Istanbul
Tel. 0090-212-2544526
Di-So 23-2 h

• **Prive**
Café ♀♀ ♂♂
Tarlabashi Bulvari 28
TR-2 Taksim, Istanbul
Tel.0090-212-2357999
Tgl. 24-4 h

• **Rocinante**
Café Bar ♀♀ ♂♂
Sakiz Agaci Caddesi,
Ogut Sokak No:6/2
(2. Etage)
TR-Beyoglu/Istanbul
Tgl.11-2 h

• **Sugar Club Café**
Café ♀♀ ♂♂
Sakasalim Cikmasi 7
TR-Tünel, Istanbul
Tgl. 10-24 h

• **20 & 19**
Disco ♀♀ ♂♂, 1-6 h
nahe des Clubs 14, be-
ste Tanzmusik in der
Stadt.

• **www.delidivane.de**
ausführliches Internet-
portal der türkischen
gay and lesbian com-
munity

ANZEIGEN

# Schön lesbisch
# Noch schöner:
# L-MAG

## www.L-mag.de

Alle zwei Monate im
Bahnhofsbuchhandel,
im Abo und an allen
L-Spots der Szene

www.wmo-verlag.de

Jetzt überall im
Buchhandel

NEU

2008
3rd edition

Europa, Afrika, Asien,
Nord- und Südamerika,
Australien

Mit zahlreichen Fotos der Fotografinnen: Anja Müller + Fin Porzner!

sapphosguide
▶ the world
▸ your international lesbian guide

über 6.000
Adressen
aktuell
recherchiert!
+ rund 3.500
Links

sapphosguide
▶ weltweit 2007/2008

by Alex Kiesheyer (Hrsg)

deutsch + englisch

Die ultimative Lesben-Szene(ver)führerin mit über 6.000 Adressen und rund 3.500 Web-Links.
544 Seiten · ISBN 978-3-936727-04-3 · € 19,95

## Frauensommercamp auf Femø (Dänemark)

Foreningen Femø
Kvindehuset
Gothersgade 37
DK-1123 Kobenhavn K
Tel. 0045-33911557
(Di, Do 17-19 h)
kontoret@kvindelejren.dk
www.kvindelejren.dk
Anmeldung erforderlich

Femø ist eine kleine Insel im Süden Dänemarks. Sie ist ein idealer Ort für das Frauencamp, das hier seit 1971 jeden Sommer im Juli/August stattfindet. Die internationale Woche wird seit 1973 organisiert. Auf Femø treffen sich Frauen jeden Alters. Es gibt die verschiedensten Angebote und es geht darum, miteinander Spaß zu haben und intensive Erfahrungen zu teilen und vielleicht sogar ein bisschen klüger dabei zu werden. Natürlich werden jedes Jahr viele neue Freundschaften geschlossen, die Landschaft und das Meer genossen, viel diskutiert und geblödelt. Es gibt die Möglichkeit, an vorbereiteten Workshops teilzunehmen oder aber sich spontan zu Workshops zusammenzuschließen. Oder Ihr verbringt eure Zeit einfach mit windsurfen, im Kajak, mit Ball spielen, sonnenbaden, plaudern und faulenzen und was auch immer Euch einfällt, um es Euch angenehm zu machen. Bringt auch Eure Musikinstrumente und Lieder mit, und vor allem: Euch selber.

## Mit der Gruppe unterwegs

Organisierte Gruppenreisen für Frauen sind inzwischen eine sehr gefragte Alternative zum Alleinreisen und zu gemischten Gruppenreisen.

Denn mit der Möglichkeit für Frauen anders zu reisen, verbinden sich auch andere – frauenbezogene – Inhalte: Begegnungs- und Austauschprogramme mit Frauen aus den jeweiligen Reiseländern, Gespräche mit Feministinnen, Künstlerinnen, Politikerinnen über die Lebens- und Arbeitsbedingungen von Frauen und natürlich die geschichtliche Spurensuche. Gewandelt wird auf den Spuren der alten Göttinnen, des Matriarchats, bekannter und unbekannter historischer Frauengestalten aus unterschiedlichen Epochen und Kulturkreisen. Die Kulturgeschichte der Frau wird neu erfahren, neu erlebt.

Doch nicht nur der «Geist» gerät in Bewegung, auch der Körper. Einige Veranstalterinnen widmen sich den Sport- und Aktivreisen, in denen verstärkt jene sportlichen Aktivitäten unterstützt und ausgebildet werden, die herkömmlicherweise nicht gerade als Frauensache gelten: Segeln, Wildwasserkajak, Trekking und vieles mehr, was gerade im Urlaub Spaß bringt.

**REISEVERANSTALTERINNEN
DEUTSCHLAND**

• **Frauen Unterwegs –
Frauen Reisen GmbH**
Potsdamer Str. 139
D-10783 Berlin
Tel. 030-215 10 22
Fax 030-216 98 52
reisen@frauenunterwegs.de
www.frauenunterwegs.de

Gruppenreisen in- und außerhalb
Europas. Rundreisen, Städte- und
Studienreisen, Bildungsurlaub,
Wander-, Rad- und Kanutouren,
Segeltörns und Skireisen, Work-
shops, Wellness, Kreativ- und
Aktivreisen.
Über 250 Reiseangebote pro Jahr.
Katalog gg. Einsendung von 3,- €
in Briefmarken bestellen.

• **Kanu Wandern &
Frauengeschichte**
Barbara Brosch, Dipl. Päd.
Am Kloster 2
D-49565 Bramsche
Tel. 05461-99 69 97
barbara.brosch@freenet.de
www.kanu-wandern-frauenge-
schichte.de

Klosterreisen, Pilgern, Kanu,
Jahreskreisfeste/Singen u.a.
***Buchungen auch über
Frauen Unterwegs

• **Frauenwege**
Birgit Wehnert
Königsberger Str. 1
D-34549 Edertal
Tel. 05621-51 43
birgitwehnert@aol.com

Tanz- und Wanderreisen, Frauen-
geschichtsreisen (französische Höhlen, Kreta), Frauenkloster, Jahres-
kreisfeste , Bildungsurlaube, Kreis-
tanz, Shiatsu
www.kreistanzen.de
www.frauenurlaub.de
***Buchungen auch über
Frauen Unterwegs

• **Ladies Travel**
Doris Kirscht
Kurhessenstr. 122
D-60431 Frankfurt
Tel. 069-51 52 80
Fax 069-53 22 59
info@ladiestravel.de
www.ladiestravel.de

• **Mit Anna Reisen**
Reisen zu den äolischen Inseln
(Alicudi)
Anna Siotto
Kapellenstr. 6
D-74597 Siglershofen
Tel. 0177-556 35 84
anna.siotto@web.de
www.annasiotto.com

• **Segelpäd. Verein für Frauen und Mädchen**
Simone Fliegner
Am Sparrenberg 52
D-33602 Bielefeld
Tel. 0521-29 07 54
ines.jochmann@frauensegeln.de
www.frauensegeln.de

Ausbildungs- und Urlaubstörns in der Ostsee

• **Feministische Seglerinnen e.V.**
info@seglerinnen.de
www.seglerinnen.de

Netzwerk segelnder Frauen

• **High live**
Frauenkletterschule
Maybachstr. 155
D-50670 Köln
Tel. 0221-51 96 22
Fax 0221-261 73 75
info@frauenklettern.de
www.frauenklettern.de

Kletterkurse in Deutschland, Frankreich, Italien

• **Reithof Maruschka**
Kirsten Bruchhäuser
Meuselko 31
D-06925 Annaburg
Tel./Fax 035389-819 99
info@reithof-maruschka.de
www.reithof-maruschka.de

• **Reithof Pichourret in Südwest-Frankreich**
Ulrike Blum
Tel./Fax 0033-558 44 93 53
pichourret@wanadoo.fr
www.pichourret.com

## REISEVERANSTALTERINNEN SCHWEIZ

• **Women Travel**
Reisebüro
Weinbergstr. 25
CH-8035 Zürich
Tel. 0041-44-350 30 50
info@womentravel.ch
www.womentravel.ch
***Bei Women Travel können Schweizerinnen auch die Reisen von Frauen Unterwegs buchen

• **GO Outdoor-life**
Gabrielle Offner
Tremlastr. 21 B
CH-8880 Walenstadt
Tel. 0041-81-735 30 69
off.we.go@outdoor-life.ch
www.outdoor-life.ch

Outdoor, Trekking, Hütten-, Schneeschuhtouren, Feuerlauf, Coaching

## REISEVERANSTALTERINNEN SPANIEN

• **Escuela Montalbán**
C/ Conde Cifuentes, 11
E-18005 Granada
Tel./Fax 0034-958-25 68 75
info@escuela-montalban.com
www.escuela-montalban.com

Ganzjährige Spanischkurse seit 1986, Kulturprogramm, Sprachaustausch und Wohnen mit Spanierinnen, Bildungsurlaub, Flamenco. Die Schule ist Mitglied bei TANDEM International und vom spanischen Instituto Cervantes anerkannt.

## REISEVERANSTALTERINNEN u.a. GROSSBRITANNIEN

• **Women Welcome Women**
88, Eastern Street
GB-High Wycombe
Buckinghamshire HP11 1LT
Tel./Fax 0044-1494-46 54 41
www.womenwelcomewomen.org.uk

Internationales Frauen-Reisenetz

## MOTORISIERTE FRAUEN

• **Auto-mobile-Frauen**
Frauen-Ferien-Fahrschule
Ernst-Ludwig-Str. 1
D-55597 Wöllstein
Tel./Fax 06703-48 39
auto-mobile-frauen@t-online.de
www.frauenferienfahrschule.de

Auto- und Motorradführerschein-kurse, eigenes Ferienhaus

• **Hexenring**
motorradhexen@gmx.de
www.hexenring.org

Netzwerk motorradfahrender Frauen, Rundbrief, Treffen, europaweite Unterstützung bei der Unterkunftssuche

• **Women on wheels**
wow00@gmx.de
www.wow-germany.de

Netzwerk motorradfahrender Frauen, Infobörse, Touren

• **Sister-act in Hamburg und Berlin**
Gesine Rainer & Antje Kramer
Tel. 040-636 558 15
Mobil 0177-455 70 51
kontakt@sisteract-berlin.com

Motorradsicherheitstraining, Technikkurse, Kurventraining und Reisen für Frauen

## STADTRUNDGÄNGE

• **Frauentouren in Berlin**
Beate Neubauer
Tel./Fax 030-27 59 27 09
beateneubauer@yahoo.de
und Claudia von Gélieu
Tel. 030-626 16 51
frauentouren@t-online.de
www.frauentouren.de

Führungen, Vorträge, Seminare, Bücher

• **Miss Marples Schwestern**
Kontakt:
Gabriele Wohlauf
Tel. 030-323 39 42
websister@miss-marples.net
www.miss-marples.net

Stadtrundgänge und -fahrten zur Frauengeschichte im deutschsprachigen Raum

• **www.femmestour.ch**
Frauenstadtrundgänge in diversen Städten der Schweiz

# Frauenorte im Netz

Für Frauen, die im Internet auf der Suche nach Informationen über Frauenprojekte und -aktivitäten sind, per Chat Diskussionen mit anderen Frauen führen wollen, frauenspezifische Nachrichten suchen oder sich über Frauenleben in anderen Teilen der Welt informieren wollen, haben wir eine kleine Liste von Frauen-Websites zusammengestellt – natürlich ohne Anspruch auf Vollständigkeit. Weitere Adressen findet Ihr im Kapitel „Reiseveranstalterinnen", in den Kapiteln „Tipps" zu den einzelnen Ländern und im Adressteil der Ferienhäuser.

## Allgemeines:

• **www.journeywoman.com**
Intern. Reiseberichte von Frauen, Buchtipps, Tipps zu Vorbereitung und Ausrüstung für reisende Frauen (engl.)

• **www.w4w.net**
Surftipps, Übersicht über Suchmaschinen (deutsch und international), Providerin, News-Groups (dt.)

• **www.wwwomen.com**
Intern. Suchmaschine für Frauen (engl.)

• **www.femina.com**
Suchfunktion und Links zu verschiedenen Themen (engl.)

• **www.purpleroofs.com**
Lesben- und schwulenfreundliche Unterkünfte weltweit, Schwerpunkt USA (engl.)

• **www.womenwelcome women.org.uk**
Netzwerk privater Unterkünfte weltweit

• **www.miss-marples.net**
Frauenstadtrundgänge in Deutschland, Österreich, Belgien, Tschechien und der Schweiz

## Deutschland:

• **www.woman.de**
Frauensuchverzeichnis für deutschsprachige Websites

• **www.womanticker.net**
Zusammenstellung von Artikeln von und über Frauen aus verschiedenen deutschsprachigen Medien

• **www.lespress.de**
Web-Ableger der gleichnamigen Zeitschrift: Termine, Links, News, Veranstaltungen

• **www.powercat.de**
Webkatalog und Suchmaschine von Computer bis Kirche für Frauen

• **www.lesben.org**
Von Allgemeines bis Zeitschriften, alles was für Lesben – und nicht nur – interessant ist (dt.)

- **www.frauennews.de**
Frauenmagazin mit News,
Spezialthemen und Terminen

- **www.frauenfahrgemeinschaft.de**
Das erste Portal, das ausschließlich
Frauenfahrgemeinschaften euro-
paweit vermittelt.

**Finnland:**

- **www.sappho.net**
Linkliste und Datenbank für Finnland und einige andere europäi-
sche Orte (engl., finn.)

**Frankreich:**

- **www.dykeplanet.com**
Lesbenportal mit Adressdatenbank (fr.)

**Griechenland:**

- **www.lesbian.gr**
Links, Tipps, News (gr., engl.)

**Großbritannien:**

- **www.lesbianuk.co.uk**
Linksammlung und Suchmaschine für
England, Irland, Schottland (engl.)

**Irland:**

- **www.gaire.com**
Lesbisch-schwule Seite mit
Nachrichten, Terminen, Chat
(engl.)

**Italien:**

- **www.woman.it**
Veranstaltungshinweise und Informationen zu Frauenorganisationen
in ganz Italien (ital.)

- **www.donnagay.it**
Online-Magazin für Lesben (ital.)

- **www.friendlyversilia.it**
Informationen und Tipps rund um
den lesbischwulen Urlaub in der
Toskana (in div. Sprachen)

**Niederlande:**

- **www.vrouwen.net**
Links, News, Suchfunktion (nl.)

- **www.homohoreca.nl**
Links, Termine, Suchfunktion (nl.)

- **www.contigocontact.nl**
Links, News, Termine (niederl.)

**Österreich:**

- **www.ceiberweiber.at**
Online-Magazin für Frauen

- **www.frauenzimmer.at**
Website des Wiener Frauenbuch-
ladens mit umfangreicher Linkliste
(Politik, Kultur, Suchmaschine)

- **www.frauenweb.at**
Diskussionsforen, Nachrichten,
Publikationsarchiv, Termine, Links

- **www.diestandard.at**
Magazin mit Berichten, Interviews,
Terminen

• **www.lesbian.or.at**
Ableger von rainbow.or.at mit
guter Adressdatenbank

**Polen:**

• **www.oska.org.pl**
Frauenorganisationen und
Frauenarchiv, Linkseite mit
Adressen in ganz Osteuropa
(poln.)

• **www.innastrona.pl**
Lesbisch-schwule Seite mit
Nachrichten, Shop, Chat

**Schweden:**

• **www.kvinnoforum.se**
Online Magazin (schwed., engl.)

• **www.corky.se**
Online Magazin (schwed.)

**Schweiz:**

• **www.fembit.ch**
Schweizer Frauenprojekte (Kultur,
Zeitschriften etc.) stellen sich vor

• **www.frauen-net.ch**
Bund Schweizerischer Frauenorganisationen (dt., frz. und ital.)

• **www.her2her.ch**
Schweizer Lesbenseite mit Links zu
deutschsprachigen und intern.
Seiten, Chat, News, Terminen und
vieles mehr

• **www.lesbian.ch**
Umfassende Schweizer
Lesbenseiten

**Tschechien:**

• **www.feminismus.cz**
Seite des Zentrums für Gender
Studies, Artikel zu verschiedenen
Themen, Diskussionsforen
(tschech., engl.)

• **www.lesba.cz**
Online-Magazin für Lesben
(tschech.)

• **www.bengales.cz**
Online-Magazin für Lesben
(tschech.)

## Unterwegs mit Frauenorte überall
### Eure Meinung interessiert uns!

→ Über Anregungen, Kritik und neue Adressen freuen wir uns immer. Da wir nicht alle Projekte und Anlagen selbst besuchen können, sind wir auf Feedback unserer Leserinnen angewiesen, um die nächste Auflage noch besser gestalten zu können. Wenn Dir ein Haus gut, besonders gut oder vielleicht auch weniger gut gefallen hat, dann laß es uns bitte wissen.

**Frauen Unterwegs – Frauen Reisen**
Potsdamer Str. 139

D-10783 Berlin

Fax 030-2169852
reisen@frauenunterwegs.de
www.frauenunterwegs.de